Maarten 't Hart
Mozart und ich

Maarten 't Hart

Mozart und ich

Aus dem Niederländischen
von Gregor Seferens

Mit CD, zusammengestellt
von Maarten 't Hart

Piper
München Zürich

Der vorliegende Text erscheint 2006 im Original unter dem Titel »Wolfgang Amadeus Mozart« in dem Band »Mozart en de anderen« im Verlag De Arbeiderspers, Amsterdam.

Die Übersetzung wurde von Nederlands Literair Produktie - en Vertalingenfonds, Amsterdam, gefördert

Von Maarten 't Hart liegen im Piper Verlag außerdem vor:
Bach und ich
Gott fährt Fahrrad
In unnütz toller Wut
Die Jakobsleiter
Die Netzflickerin
Das Pferd, das den Bussard jagte
Ein Schwarm Regenbrachvögel
Die schwarzen Vögel
Sonnenuhr
Das Wüten der ganzen Welt

ISBN-13: 978-3-492-04858-3
ISBN-10: 3-492-04858-7
© 2006 by Maarten 't Hart
Deutsche Ausgabe:
© Piper Verlag GmbH, München 2006
Gesetzt aus der Adobe Garamond
Satz: Uwe Steffen, München
Druck und Bindung: Kösel, Krugzell
Printed in Germany

www.piper.de

Inhalt

Das Loch	7
Der große Unbekannte	18
Der lange Weg zu Mozart	29
Der Dämpfer am Klavier	39
Mozart auf der Bühne	52
Mozart, das jüngste Kind	64
Ein kleiner großer Mann	72
Mozart und die Tonarten	81
Die frühen Werke	89
Treffsichere Schlichtheit	96
Mozart und mein »Köchelwecker«	104
Die langsamen Einleitungen	113
Die Variationen	119
Mozart für Anfänger	130
Mozart und der Glaube	141
Die Symphonien	150
Sein Vater, sein Gott	160
Mozarts Tod	173
Anhang	
Benutzte Literatur	187
Personenregister	191
Verzeichnis der Musikstücke auf der Begleit-CD	199

Das Loch

Bis kurz vor dem Zweiten Weltkrieg gab es in Maassluis ein großes Hotel namens De Moriaan, das gleich am Hafen lag, schräg gegenüber vom alten Rathaus. Bereits 1616 wird es erwähnt, und der bekannte Dichter Pieter Schim rühmte anläßlich des Umbaus die »lobwürdige Herberglichkeit« dieses fürstlichen Gasthauses. Auf alten Photos sieht man ein Hotel von großstädtischem Format mit vier Stockwerken. Sogar in der dritten Etage hatte das Haus sechs große Fenster. Über dem vornehmen Eingang befand sich ein schöner Balkon, der beleuchtet wurde, wenn die Statthalter Geburtstag feierten. Ein so schönes Hotel bittet, nein, fleht in einer Kulturwüste wie Maassluis natürlich geradezu darum, abgerissen zu werden. Und kurz vor dem Zweiten Weltkrieg riß man es dann auch ab. Wo so viele Jahrhunderte lang das stolze De Moriaan gestanden hatte, sollte das neue Rathaus errichtet werden. Dann brach der Zweite Weltkrieg aus, und die Rathauspläne wurden auf Eis gelegt. Nach dem Krieg fehlte es an Elan, sie zu verwirklichen, und so kam ich in meinen Jugendjahren, wenn ich am Hafen entlang eilte, an einem trostlosen, kahlen und öden Grundstück vorbei, das im Maassluiser Volksmund »das Loch« hieß.

Einmal im Jahr jedoch, während der sogenannten Maassluiser Ferienwoche, erhob sich dort eine Tribüne. Auf der Hafenseite des Lochs wurde unter Zuhilfenahme von Segeltuch der Segelmacherei Wakker aus zerbrechlich wirkenden

Stahlrohren und Flutbrettern eine Bühne errichtet. Nachmittags traten dort Clowns, Zauberer und Feuerschlucker auf, die mit ihren Künsten die Kinder unterhielten. Während dieser Woche führten aber auch Schüler ein Theaterstück für andere Schüler auf, und ich habe in *Dornröschen* einmal den Küchenjungen spielen dürfen. Text hatte ich keinen, ich mußte nur mit dem Kochlöffel winken und mit einer der Küchenprinzessinnen tanzen. Dummerweise schnappte ich mir, als der Tanz begann, die falsche Prinzessin, und die zornige Regisseurin, Kaatje Toorn, jagte mich von der Bühne.

Auch für die Erwachsenen gab es während der Ferienwoche im Loch Veranstaltungen. Allabendlich – ausgenommen war nur der Sonntag – wurden Revuen, Komödien, Schwänke und Kabarett aufgeführt. Einmal trat vor der Pause das Schlagerduo »De Selvera's« in einer Revue auf. Nach der Pause – und rückblickend kann man das nur als ein Wunder bezeichnen – berichtete Pierre Palla, von Klaviermusik umrahmt, in einem einstündigen Abriß über Leben und Werk Mozarts. Wie ich an jenem Abend dort hingekommen war – nach dem *Dornröschen*-Debakel machte ich vorsorglich einen großen Bogen um das Loch –, weiß ich nicht mehr, aber ich erinnere mich noch gut daran, daß die Maassluiser nach dem Auftritt der »Selvera's« massenhaft die Tribünen verließen, so daß nur noch eine Handvoll Menschen dem Vortrag von Pierre Palla lauschte. In der dann langsam einsetzenden Dämmerung habe ich zum erstenmal in meinem Leben Musik von Mozart gehört und einen natürlich nur skizzenhaften Eindruck von seinem kurzen Leben bekommen. Immer noch ist mir, als hörte ich den »Türkischen Marsch« im Loch erklingen – ein unverzichtbarer Programmpunkt, wenn man den ungebildeten Maassluisern zeigen will, wie spritzig Mozarts Musik sein kann. In Maassluis, wo es nichts gab, was auch nur im entferntesten an wirkliche Musik erinnerte, wenn man von den wenigen Takten Bach absieht, die dann und wann nach einem Gottesdienst erklangen, war ein Stück von Mozart ein regelrechtes Gotteswunder. So jedenfalls habe ich es empfunden. Ich war wirklich sehr erstaunt darüber, daß so etwas möglich war, daß man auf einem Klavier so beschwingt und fröhlich spielen konnte, daß die Musik so unbekümmert und zugleich so getrieben klingen und so verzückend dahinschnellen konnte.

Pierre Palla spielte natürlich auch andere Stücke von Mozart, aber an die kann ich mich leider nicht mehr erinnern. Für mich war Mozart synonym mit dem »Türkischen Marsch« aus der *Klaviersonate A-Dur* KV 331, und es war für mich folglich auch ganz selbstverständlich, daß wir in der ersten Klasse des Lyzeums in der einen Stunde Musik, die Meneer Ackema samstags erteilte, erneut dieses Stück zu hören bekamen. Mit dieser Musik in den Ohren schwebte ich anschließend die sieben Kilometer nach Hause, auch wenn mir dabei auf dem Rad ein ordentlicher Seewind entgegenwehte.

Mit dem Choral *Wohl mir, daß ich Jesum habe* aus der Kantate Nr. 147 von Johann Sebastian Bach, den ich damals am schönsten fand – viel mehr kannte ich auch nicht –, konnte der »Türkische Marsch« natürlich nicht mithalten, und abgesehen von diesem Sonatensatz blieb Mozart für mich eine unbekannte Größe. Es gab zwar noch ein anderes Stück von Mozart, das ich summen konnte, das *Ave verum*, aber das gefiel mir nicht so gut wie der »Türkische Marsch«.

Der Grund dafür war in erster Linie, daß meinem Vater, der ansonsten klassische Musik zutiefst verachtete, jedesmal die Tränen in die Augen traten, wenn das *Ave verum* am späten Samstagabend im Radio erklang. Das fand ich so merkwürdig: einerseits immer nur verächtlich über das sogenannte Katzengejammer der Geigen und die angeblich auf der Bühne knutschend herumrollenden Opernsänger und -sängerinnen reden, aber beim *Ave verum* doch jedesmal in Tränen ausbrechen. Einmal ertönte es, als mein Onkel Nico, losgelöst-reformierter Prediger in Steenwijk, eines Samstagabends zu Besuch war. Wie von einer Goldaugenbremse gestochen, sprang er auf und schaltete blitzschnell das Radio aus.»Papistischer Greuel«, knurrte er. Und auch das verwunderte mich, denn das *Ave verum* hatte keinerlei Ähnlichkeit mit den eintönigen gregorianischen Gesängen, die manchmal am Sonntagmorgen im Radio zu hören waren.

So blieb Mozart, vom »Türkischen Marsch« und dem *Ave verum* einmal abgesehen, jahrelang außerhalb meines Gesichtsfelds. Mit Beethovens *Fünfter*, die ich bei einem Freund des öfteren hörte – es war, neben zwei Schallplatten mit *Music for the Millions*, die einzige Platte mit klassischer Musik im Haus –, betrat ich zum erstenmal das Reich der instrumentalen klassischen Musik, und Beethoven wurde, neben Bach, der zweite große Held meiner Jugend. Offenbar war Beethoven der größte Komponist, und wenn ein Stück von ihm im Radio gesendet wurde und zufällig niemand zu Hause war, stellte ich an dem Apparat aus Bakelit den entsprechenden Sender ein. Auf diese Weise habe ich heimlich einige seiner Symphonien gehört, die *Dritte (Eroica)*, die *Sechste* und die *Siebte*, und auch die *Sonate pathétique*.

Daß Beethoven der Größte war, ging aus dem Buch *X-Y-Z der Muziek* von Casper Höweler hervor, dem ersten Buch über Musik, das ich mir – wiederum heimlich – kaufte. Der Artikel über Beethoven umfaßte stattliche fünfzig Seiten, der über Mozart nur dreißig.

In meinem Mansardenzimmer hörte ich dann aber eines Tages im Radio, das ich von dem Geld angeschafft hatte, welches ich mir mit Brotausfahren verdient hatte, Mozarts *Symphonie Nr. 29*. Selten habe ich so erstaunt, so sprachlos und schließlich auch so gerührt einer Komposition gelauscht. Vom Oktavsprung, mit dem Mozart einsetzt, bis hin zu den beiden abrupten Schlußakkorden in A-Dur, denen ein aus dem Nichts erscheinendes aufsteigendes Skalenmotiv vorausgeht, hockte ich regungslos mit dem Ohr am Lautsprecher, immer fürchtend, daß mein Vater oder meine Mutter ins Zimmer kommen und mich zornig anbrüllen könnten: »Schalt den Mist aus!«

Ich war damals – welch eine Ironie des Schicksals – genauso alt wie Mozart gewesen war, als er dieses nicht genug zu rühmende Meisterwerk seiner Jugendjahre komponiert hatte. In Simon Vestdijks Buch *Keurtroepen van Euterpe* hatte ich schon gelesen, daß man in Mozarts Musik »die sanft fließende, klare und kindliche Unbekümmertheit der Engel spüren« könne. Doch hier irrte der berühmte niederländische Schriftsteller meiner Meinung nach. Was ich hörte, erinnerte weniger an Engel, sondern war vielmehr kraftvoll und graziös zugleich, funkelnd und lebendig und alles andere als sanft fließend. Eher feurig und vor allem unbändig, eigentlich genau wie der »Türkische Marsch«, allerdings noch wunderbarer, und – im zweiten Satz – auch viel ergreifender. Als ich die Stelle in Vestdijks Buch noch einmal nachlas, stellte sich zum Glück heraus, daß er über KV 201 geschrieben hat: »Die ganze Symphonie ist ungemein reizvoll.« So machte er wieder wett, daß er zuvor Mozarts Musik etwas Engelhaftes angedichtet hatte.

Aufgrund des Eindrucks, den KV 201 auf mich gemacht hatte, studierte ich nicht nur alle Bücher über Mozart, die ich zu fassen bekam – von Marcia Davenport, Norbert Loeser und Wouter Paap –, sondern ich wollte, wie zuvor bei Bach und Beethoven, nun auch alles andere kennenlernen, was Mozart komponiert hat. Das will ich immer, wenn sich meine Ohren für einen Komponisten empfänglich zeigen, vor allem dann, wenn es unerwartet geschieht. Oft, wie bei Haydn zum Beispiel, der ein so unglaublich großes Werk hinterlassen hat, scheue ich aber die Mühen, die sich daraus ergeben. So ist es mir auch mit Händel ergangen und, vor wenigen Jahren erst, mit dem tschechischen Komponisten Martinů, denn sein Œuvre ist ebenfalls ungeheuer umfangreich. Wie bei Schubert und Bach war mir die Mühe bei Mozart jedoch keine Sekunde lang zu groß. (Bei Beethoven übrigens auch nicht, doch verglichen mit Bach, Schubert oder Mozart schien dessen Werk auch klein zu sein, nur 135 Opusnummern. Daß er noch einmal so viele Werke ohne Opusnummer hinterlassen hatte, wußte ich damals noch nicht.)

Der von Philips veröffentlichten Edition sämtlicher Werke, inklusive der vielen unvollendeten, die im Mozart-Jahr 1991 erschien, habe ich es unter anderem zu verdanken, daß es meines Wissens nach nicht einen einzigen Takt von Mozarts Musik gibt, den ich noch nicht gehört habe. Versetzt mich das in die Lage, etwas Neues über Mozart zu schreiben? Kann ich den Meisterwerken von Wolfgang

Hildesheimer, Jean-Victor Hocquard und Karl Hammer etwas hinzufügen? Das bezweifle ich. Ich kann höchstens ein paar Randbemerkungen zur schier unüberschaubaren Mozart-Literatur machen. Aber nicht alle meine Leser werden Hocquard, Hildesheimer und Hammer studiert haben, so daß ich ihnen vielleicht doch etwas über Mozart erzählen kann, was sie nicht wissen. Meine einzige Entschuldigung für dieses heikle Unterfangen ist, daß ich Mozart über die Maßen liebe, so sehr, daß ich wiederholt in Konflikt mit mir selbst geraten bin, weil ich, obwohl doch für mich Bach über allem stand, ja sogar Gott war, um mit Paul Witteman zu sprechen, trotz allem heimlich (hoffentlich hört Witteman das nicht) manchmal das Gefühl hatte, Mozart mehr zu lieben. Ende der sechziger Jahre, als ich wieder einmal vor diesem Dilemma stand, habe ich nachgezählt, wie viele Schallplatten ich von Mozart und wie viele ich von Bach hatte. Von wem ich die meisten Schallplatten besaß, den liebte ich offensichtlich am innigsten. Es stellte sich heraus, daß sich von beiden 104 Aufnahmen in meinem Besitz befanden. Seitdem habe ich immer, wenn ich eine Platte und später eine CD mit Musik des einen kaufte, auch eine mit Werken des anderen angeschafft, um dieses empfindliche Gleichgewicht aufrechtzuerhalten. Daß ich im übrigen Schubert vielleicht noch mehr liebe als Bach und Mozart, war mir auch immer bewußt, doch ich habe mein schlechtes Gewissen in diesem Punkt immer mit der Überlegung beruhigen können, daß Bach und Mozart nun einmal die größeren Komponisten sind, auch wenn man natürlich nicht weiß, was Schubert noch alles hätte schreiben können, wäre ihm ein längeres Leben beschieden gewesen. Für mich habe ich dieses absurde Dilemma einmal in dem Satz zusammengefaßt: Am meisten bewundere ich Bach, Schubert liebe ich über alles, Mozart bete ich an.

Allerdings zeigt sich bei diesen drei Komponisten ein merkwürdiges Phänomen, dessen Tragweite ich nicht abschätzen kann: Wenn sich jemand abschätzig über Bach äußert, dann macht mir das kaum etwas aus. Bach ist in meinen Augen offenbar so unantastbar, daß mich dergleichen nicht kümmert. Als aber der niederländische Schriftsteller Willem Frederik Hermans im Fernsehen einmal über Mozart sagte: »Seine Nachtmusik war klein, und seine Tagmusik war auch nicht viel größer«, da war es um meine nicht gerade geringe Bewunderung für diesen Autor geschehen. Seine Bücher habe ich augenblicklich auf den Dachboden verbannt. Und als eine Klassenkameradin, in die ich verliebt war, beim Hören der *Haffner-Symphonie* ausrief: »Mozart, pfui, dieses ganze Geschnörkel«, da war meine Verliebtheit mit einemmal verflogen. Auch Jean-Paul Sartre hat mich nie wieder interessiert, seit ich ihn in einem Interview hatte sagen hören: »Die Lieder Schuberts sind in melodischer Hinsicht langweilig und banal.« Umgekehrt habe ich Hanneke sofort ins Herz geschlossen, als sie mir bei unserer ersten Begegnung erzählte, sie habe zu Hause eine wunderschöne Schallplatte mit zwei Streichquartetten von Mozart, und sie mir das erste Thema des ersten Satzes von KV 387 fehlerlos vorsang.

So kompliziert das Puzzle meiner Vorlieben auch immer zusammengesetzt sein mag, ich bin dennoch ganz und gar einverstanden, wenn Hildesheimer am Ende seines Buchs über den Meister aus Salzburg schreibt, Mozart sei »vielleicht das größte Genie der bekannten Menschheitsgeschichte« gewesen. Er spricht mir auch aus dem Herzen, wenn er etwas weiter unten sagt: »... und niemand hat geahnt, als man am 6. Dezember 1791 den schmächtigen und verbrauchten Körper in ein dürftiges Grab senkte, daß hier die sterblichen Reste eines unfaßbar großen Geistes zu Grabe getragen wurden, ein unverdientes Geschenk an die Menschheit ...«

Paul Korenhof drückt es in der *Winkler Prins Encyclopedie van de Opera* weniger pathetisch aus: »Im allgemeinen betrachtet man Mozart als das größte Phänomen auf dem Gebiet der schöpferischen Tonkunst, das je gelebt hat.«

Und Simon Vestdijk sagt in seinem Buch *Hoe schrijft men over muziek?*: »Mozart war vielleicht das größte Genie, das wir kennen.« Und im *New Grove Dictionary* aus dem Jahr 2001 wird Mozart sogar als «der bedeutendste Komponist in der Geschichte der westlichen Musik« bezeichnet.

Postludium

Wie merkwürdig, daß ich ausgerechnet durch den »Türkischen Marsch« in das Universum Mozarts geführt wurde. Mit der Türkei verbindet mich nichts, ich käme nie auf die Idee, in die Türkei zu reisen, und auch Marschmusik liegt mir überhaupt nicht. Mozart jedoch komponierte von früher Jugend an einen Marsch nach dem anderen (KV 62, KV 63, KV 189, KV 214, KV 215, KV 237, KV 248, KV 249, KV 290, KV 335 (zwei Märsche), KV 408 (drei Märsche), KV 445). Bereits im *Galimathias musicum* (KV 32) finden wir einen Marsch. Dieses Orchester-Quodlibet hat Mozart 1766 in Den Haag komponiert; Mozarts erster Marsch ist also auf niederländischem Boden entstanden. Der letzte

Teil des geheimnisvollen *Osanna* KV 223 erweist sich als Marsch. Mit anderen Worten: Sogar in ein kirchenmusikalisches Werk baute er einen Marsch ein! Auch seine Opern zeigen, daß Mozart auf Märsche regelrecht versessen war. In *Idomeneo* kommen nicht weniger als drei vor, im dritten Akt der *Hochzeit des Figaro* gibt es einen Marsch und einen zu Beginn von *Così fan tutte*; zwei kleine Märsche sind in *La clemenza di Tito* zu hören, und in der *Zauberflöte* erklingt der »Marsch der Priester«. Als Mozart seinem Vater die *Haffner-Symphonie* schickte, da packte er ihm als Dreingabe einen Marsch dazu. Offenbar war auch Leopold ein großer Freund der Marschmusik. Diesem frivolen militärischen Aspekt Mozarts schenkt man nur selten Aufmerksamkeit, aber man kann ihn nicht übersehen. In *Così fan tutte* heißt es ganz unzweideutig: »Bella vita militar.« Als 1788 der Krieg gegen die Türken ausbrach, da legte Mozart den *Don Giovanni* kurz beiseite und komponierte *Ich möchte wohl der Kaiser sein – Ein deutsches Kriegslied* KV 539. Die Heldentaten der Engländer bei Gibraltar begeisterten ihn so, daß er sich daran machte, *Sined's Bardengesang auf Gibraltar* zu komponieren. Zum Glück blieb er nach achtundfünfzig Takten stecken, weil er, wie er seinem Vater schrieb, den zu vertonenden Text »zu übertrieben schwülstig für meine feinen Ohren« fand.

Außer Märschen liebte Mozart auch Tänze. Mindestens sechs CDs kann man mit seinen Menuetten, Gavotten, Quadrillen, Deutschen Tänzen und Contretänzen füllen. Wenn er zu Hause ein Fest gab, wurde oft bis in den frühen Morgen hinein getanzt. Daran, daß ich ihm all diese Dinge, die mir gehörig gegen den Strich gehen, großmütig verzeihe, mag der Leser erkennen, wie sehr ich Mozart liebe.

Mehr noch: Sowohl die Märsche aus der *Hochzeit des Figaro* und *Così fan tutte* als auch der »Marsch der Priester« aus der *Zauberflöte* gefallen mir ausgezeichnet, und es bereitet mir auch großes Vergnügen, den *Marche funèbre del Sigr. Maestro Contrapuncto c-Moll* KV 453a auf der Kirchenorgel zu spielen.

Der große Unbekannte

Wollte man einen Skeptiker wie Willem Frederik Hermans dazu bringen, seine Meinung über Mozart zu ändern, dann käme man mit Zitaten wie denen von Hildesheimer, Korenhof, Vestdijk oder mit dem Urteil des *New Grove Dictionary* vermutlich nicht weit. Bestimmt würde Hermans solche Aussagen als leere Behauptungen bezeichnen, die man erst einmal beweisen müsse. Vorzugsweise hätte man sich wissenschaftlicher Methoden zu bedienen, die geeignet sein könnten zu zeigen, daß Mozart der größte Komponist ist. Schon dies ist wahrscheinlich unmöglich, ganz zu schweigen von einem Beweis dafür, daß er »das größte Genie der bekannten Menschheitsgeschichte« ist.

In einem ersten Beweisschritt für die These, daß Mozart sehr wohl der größte Komponist ist, könnte man darauf hinweisen, daß ihm in den einschlägigen Katalogen stets mehr Seiten als allen anderen Komponisten eingeräumt werden. Im berühmten *Bielefelder Katalog* des Jahres 1997 zum Beispiel: Mozart 25 Seiten, Bach 24, Schubert 15, Beethoven 13 und Brahms 10; alle anderen Komponisten haben lediglich einstellige Seitenzahlen aufzuweisen. Auch in Jahrbüchern wie dem *Penguin Guide to Compact Discs* – ich nenne hier die Zahlen aus dem Band 1997/98 – nimmt er die meisten Seiten ein: Mozart 30, Schubert 25, Beethoven 20, Bach 19 und Brahms 15 Seiten; alle anderen Komponisten bleiben weit dahinter zurück.

Ein Skeptiker könnte nun einwenden: Das sind nur Momentaufnahmen. Heute betrachtet man Mozart als den genialsten Komponisten, doch vor fünfzig Jahren gab man Beethoven den Vorzug. Man schaue sich nur einmal das bereits erwähnte Buch von Casper Höweler an, das unter dem Titel *Der Musikführer. Lexikon der Tonkunst* auch auf Deutsch erschienen ist: 50 Seiten über Beethoven, 49 über Wagner und nur 30 über Mozart.

Trotzdem denke ich, daß es eine Möglichkeit gibt zu zeigen, daß Mozart der größte Komponist, ja vielleicht sogar der genialste Künstler überhaupt war. Ob er »das größte Genie der bekannten Menschheitsgeschichte« war, dazu läßt sich meiner Ansicht nach wenig Sinnvolles sagen. Wie wäre Mozart auch mit Leonardo da Vinci oder Albert Einstein zu vergleichen? Was Einstein, ein Mozart-Bewunderer, der sehr gut Violine spielen konnte, mit seinen vier Aufsätzen aus dem Jahr 1905 geleistet hat, ist dermaßen genial, daß es kaum eine wissenschaftliche Entdeckung gibt, die im Vergleich dazu nicht blaß wirkt. Aus diesem Grund wollen wir geniale wissenschaftliche Leistungen außer Betracht lassen und beschränken uns auf die Künste.

Die meisten von uns können halbwegs annehmbar zeichnen und einen ordentlichen Brief schreiben. Wirklich talentierte Maler und Schriftsteller trifft man selbstverständlich weniger oft an, und dennoch strotzen die Museen in aller Welt nur so vor prächtigen Gemälden, und Tausende von Schriftstellern haben so viele wunderbare Romane geschrieben, daß ein Menschenleben nicht ausreichen würde, sie alle zu lesen. Wieviel schwerer aber als das Anfertigen einer großartigen Zeichnung oder das Verfassen eines brillanten Briefes ist die Komposition auch nur eines einfachen Menuetts, eines simplen Klavierstücks oder einer Fuge? Nur einige von uns sind dazu in der Lage. Dilettanten wie Nietzsche und Vestdijk, die es versuchten, kamen – wie Nietzsche – über gute Absichten nicht hinaus oder präsentierten – wie Vestdijk – recht ordentliche Fugenthemen, die aber dennoch in armseligem kontrapunktischem Gepfusche endeten. Komponieren ist nämlich sehr viel schwieriger als Zeichnen oder Schreiben. Wirklich große Komponisten gibt es nur ein paar Dutzend, die aus der Masse der Stümper herausragen. Man muß sich nur einmal die Zeitgenossen Mozarts anhören. Abgesehen von Joseph Haydn ist darunter nicht einer, der einigermaßen annehmbar komponieren konnte.

Wolfgang Amadeus Mozart ist aber vor allem deshalb eine vollkommen einzigartige Erscheinung, weil er in allen musikalischen Gattungen einzigartige Werke geschaffen hat: Kammermusik, Kirchenmusik, symphonische Werke, Klaviermusik, sogar Lieder (*Das Veilchen* KV 476, *Als Luise die Briefe ihres ungetreuen Liebhabers verbrannte* KV 520, *An Chloe* KV 524, *Das Lied der Trennung* KV 519, *Abendempfindung* KV 523), in allen Genres hat er unsterbliche Musik komponiert. Hinzu kommt noch, daß er nicht nur eine Reihe überragender Opern geschrieben hat, sondern die Opern stellen in diesem sowieso schon großartigen Œuvre zweifellos den Höhepunkt dar. Wie einzigartig dies ist, wird einem erst bewußt, wenn man bedenkt, daß das Standardrepertoire aller Musiktheater ansonsten von Komponisten dominiert wird, die in den anderen Musikgattungen nicht gerade Herausragendes geleistet haben: Monteverdi, Wagner, Verdi, Rossini, Puccini und Strauss. Es kommt noch hinzu, daß Mozarts Opern, vor allem die drei nach Libretti von Lorenzo Da Ponte, in dramatischer und musikalischer Hinsicht unübertroffen sind, auch im Vergleich zu den Werken der oben genannten Komponisten. Ich neige deshalb dazu, die drei Da-Ponte-Opern als unerklärliche Wunder zu betrachten. Wie ist es möglich, daß ein junger Mann von dreißig Jahren sich derart in eine Gräfin hineinversetzen kann, in ihr Dienstmädchen, in einen Pagen, in einen Bräutigam und einen Grafen, der auf schmerzhafte Weise erfahren muß, daß seiner Macht Grenzen gesetzt sind, und – last but not least – in ein Mädchen, daß eine Nadel verloren hat? Wie ist es zu erklären, daß er mit dreißig ein so beispiellos lebendiges, überschäumendes und dramatisches Werk zu komponieren verstand, während er ganz nebenbei auch noch zwei seiner drei schönsten Klavierkonzerte aus dem Ärmel schüttelte (KV 488 und KV 491)? Dabei hätte er doch nach den Gesetzen, die offenbar für alle anderen Komponisten gelten, in anderen Genres weniger glänzen dürfen.

Fast alle großen Komponisten – und leider auch die vielen hundert Stümper – haben sich, meist nur aus finanziellen Gründen, gewünscht, verdienstvolle Opern zu schreiben. Selbst Bach wäre wahrscheinlich gern nach Dresden gegangen, um dort nach dem Vorbild von Johann Adolf Hasse selbstkomponierte Opern auf die Bühne zu bringen. Und tatsächlich ist von allen musikalischen Genres die Oper zweifellos das schwerste. Man braucht dazu sehr viel mehr als das Talent zum Komponieren. Deshalb sind viele Komponisten davor zurückgeschreckt, eine Oper zu schreiben, etwa Johannes Brahms. Andere haben es gar nicht erst in Erwägung gezogen (Bach, Chopin) oder kamen nicht über gutgemeinte Versuche hinaus (Schubert). Wieder andere beließen es bei ersten Entwürfen (Elgar) oder versündigten sich in jugendlichem Ungestüm an dem Genre (Liszt, Mendelssohn). Eine ganze Reihe von Komponisten brachten mit Hängen und Würgen eine bis anderthalb Opern zustande (Beethoven, Schumann, Gabriel Fauré, Ernest Chausson, Claude Debussy, Alban Berg, Hermann Goetz, Hugo Wolf). Doch nicht selten war zwar das Talent für die Komposition von wunderbarer Musik vorhanden, aber die Oper taugte als Schauspiel nicht. Das beste Beispiel hierfür ist vielleicht die Oper *Notre Dame* von Franz Schmidt. Erstaunliche Musik, aber als Schauspiel eine Katastrophe.

Wo ein gewisses dramatisches Talent vorhanden war, mangelte es wiederum oft an der Fähigkeit, in anderen musikalischen Genres zu glänzen. Das gilt für Gaetano Donizetti, Vincenzo Bellini, Christoph Willibald Gluck, Giacomo Puccini und Jules Massenet. Im selben Atemzug kann man hier auch Rossini und Verdi nennen. Beide haben unvergängliche religiöse Werke geschaffen, aber diese religiösen Werke sind eigentlich verkappte Opern. Nur Richard Strauss, der ein Opernkomponist par excellence war, hat auch in anderen Genres unsterbliche Musik geschaffen. Das gleiche gilt mit Einschränkungen auch für Bedřich Smetana, Nikolai Rimski-Korsakow, Leoš Janáček und Benjamin Britten.

Es gibt nur sehr wenige große Komponisten, die in allen musikalischen Genres reüssierten, die also Kammermusik, symphonische Werke, Kirchenmusik, Stücke für Soloinstrumente, Lieder und außerdem noch verdienstvolle Opern komponiert haben. Legt man dieses Kriterium zugrunde, erhält man eine seltsame Liste: Mozart, Haydn, Antonín Dvořák, Camille Saint-Saëns, Joseph von Rheinberger,

Pjotr Tschaikowski, Ralph Vaughan Williams, Bohuslav Martinů. Wenn man sich diese Reihe von Namen genau ansieht, so findet man darin nur einen Komponisten, dessen Opern weltweit zum Standardrepertoire gehören. Ob das berechtigterweise so ist, kann man schwer beantworten, denn die Opern von Rheinberger zum Beispiel bekommt man nie zu hören. Von Saint-Saëns' Opern hat sich leider nur eine im Repertoire gehalten. Wenn man allerdings hin und wieder einmal eine Oper Haydns hört, dann wundert man sich, daß diese Werke nicht häufiger aufgeführt werden. Auch Dvořáks Opern sind – selbst wenn er als Opernkomponist von Smetana, dem Schöpfer der entzückenden Oper *Der Kuß*, leicht übertroffen wird – Stück für Stück sehr schön, doch sosehr Haydn und Dvořák als Opernkomponisten auch herausragen – das allerhöchste Niveau erreichen sie nicht. Tschaikowski hatte den Ehrgeiz, vor allem als Opernkomponist zu glänzen, doch es war ihm nicht vergönnt. Lediglich *Eugen Onegin* und *Pique Dame* haben sich im Repertoire gehalten, seine anderen Opern werden höchst selten aufgeführt. In den Opern von Vaughan Williams erklingt wunderbare Musik, doch ihnen fehlen Dramatik und Lebendigkeit, das Wichtigste in einer Oper. Von den sechzehn Opern des Phänomens Martinů habe ich bisher leider erst drei gehört. Bis auf weiteres bin ich der Ansicht, daß seine Opern zu Unrecht nicht beachtet werden. Gewißheit habe ich in diesem Punkt nicht, da ich dreizehn seiner Bühnenwerke nicht kenne.

In Halle unterhielt ich mich mit der Direktorin des Händel-Hauses, und nachdem ich an der Stelle, wo einmal die Wiege von »il car Sassone« stand, ein Loblied auf *Le nozze di Figaro* gesungen hatte, entgegnete sie mir: »Aber *Don*

Giovanni ist noch um zwei Arien besser.« Der Meinung bin ich nicht, ich halte den *Figaro* für die mit Abstand schönste Oper, die jemals geschrieben wurde (und der Dirigent Erich Leinsdorf, dessen fachmännisches Urteil ein größeres Gewicht hat als meines, ist auch dieser Ansicht: »*Figaro* ist die vollkommenste von Mozarts großen Opern.«) Aber ich verstehe sehr gut, daß viele den *Don Giovanni* noch beeindruckender finden. Und was die Musik angeht, so ist *Così fan tutte* möglicherweise noch reizvoller als die beiden anderen Da-Ponte-Opern. Jedenfalls ist die Abschiedsszene aus dem ersten Akt vielleicht das Allerschönste, was Mozart je komponiert hat.

Obwohl er auch in allen anderen Genres – und das ist vielleicht das Allerunbegreiflichste – fast sämtliche Kollegen weit hinter sich ließ, war er von allen Komponisten bei weitem am besten mit allem ausgestattet, was man für die Komposition einer Oper braucht. Nur für Kirchenorgel hat er kein Werk hinterlassen, das sein Talent für diese Gattung beweisen würde. Leider ist nie jemand auf die Idee gekommen, ihn mit Kompositionen für Orgel zu beauftragen; wir wären dann auch auf diesem Gebiet um einige geniale Werke reicher gewesen. Immerhin besitzen wir die Meisterwerke KV 594 und KV 608 für mechanische Orgel, und deshalb kann nicht in Zweifel gezogen werden, daß er auch in dieser Hinsicht keinen Sterblichen neben sich dulden muß. Wenn es stimmt, daß Komponieren viel schwieriger ist als Schreiben oder Malen, und wenn es, von einem abgesehen, nie einen Komponisten gegeben hat, der alle musikalischen Gattungen aus dem Effeff beherrschte, dann folgt daraus logisch, daß Mozart der genialste Künstler aller Zeiten ist.

Er selbst wußte übrigens sehr genau, wie gut er war. Am 2. Oktober 1777 schrieb er aus München an seinen Vater: »... er [der Kurfürst] weis nicht was ich kan [...] ich lasse es auf eine Probe ankommen. er soll alle Componisten von München herkommen lassen, er kan auch einige von italien und franckreich, teutschland, England und spanien beschreiben, – ich traue mir mit einem jeden zu ...«, und dann ist ein Wort unleserlich gemacht worden, aber es liegt auf der Hand, was Mozart meint: Laß sie nur kommen, ich stecke sie alle in die Tasche. Am 7. Februar 1778 heißt es in einem Brief an seinen Vater: »... ich darf und kann mein Talent im Componiren, welches mir der gütige gott so reichlich gegeben hat, (ich darf ohne hochmuth so sagen, denn ich fühle es nun mehr als jemals) nicht so vergraben.« Und am 11. September 1778 schreibt er seinem Vater: »... ein Mensch von mittelmässigen talent bleibt immer mittelmässig, er mag reisen oder nicht – aber ein Mensch von supereuren talent (welches ich mir selbst, ohne gottlos zu seyn, nicht absprechen kan) wird – schlecht, wenn er immer in den nemlichen ort bleibt.«

Mit meiner eleganten Argumentation zum Beweis der unübertroffenen Genialität Mozarts bin ich einerseits sehr zufrieden; andererseits benötige ich sie gar nicht, denn auch ohne Begründung steht für mich unerschütterlich fest, daß es niemanden gibt, der an Mozart heranreicht; nicht einmal der große Bach.

Ich denke, man kann diese Feststellung mit dem Hinweis wieder relativieren, daß längst nicht alle 626 Werke des Köchelverzeichnisses das beispiellose Niveau der *Hochzeit des Figaro*, der *Gran Partita*, der unvollendet gebliebenen *Messe c-Moll* oder der zwei Klavierkonzerte erreichen.

Außerdem könnte man sagen, daß viele andere Komponisten sich gelegentlich zu mozartähnlichen Höhen aufschwangen und ein Meisterwerk schufen, dessen blendende Perfektion den Zuhörer sprachlos zurückläßt. Denn das ist es schließlich, was bei Mozart sofort ins Auge oder, besser, ins Ohr springt: die Vollkommenheit seiner Kompositionen. Eines der besten Beispiele für die Mozartsche Vollkommenheit bei einem anderen Komponisten ist meiner Ansicht nach *Gaspard de la nuit* von Maurice Ravel. Auch *Carmen* von Bizet ist ein solch überragendes Meisterwerk, ebenso die *Barcarolle* von Chopin und *La canzone dei ricordi* von Giuseppe Martucci; auch das *Oktett* von Felix Mendelssohn Bartholdy und *Verklärte Nacht* von Arnold Schönberg; ebenso das *Stabat mater* von Rossini, das *Requiem* von Verdi, das *Chanson triste* von Henri Duparc und die *Symphonie Nr. 3* von Roy Harris. Und auch innerhalb eines Werkes gelingt es anderen Komponisten hin und wieder, das sehr hohe Niveau Mozarts zu erreichen. Ich denke da zum Beispiel an den Gesang der Meermädchen im *Oberon* von Carl Maria von Weber, an den unübertroffenen Schluß des *Wilhelm Tell* von Rossini, an das Lied des Spiegels in *Nerone* von Arrigo Boito und an den Prolog im Himmel in dessen *Mefistofele*.

Betrachtet man Mozart aus diesem Blickwinkel, dann ist er der Komponist, der öfter als jeder andere vollkommene Meisterwerke geschaffen hat. Mir gefällt diese Sichtweise besser als die William Staffords im *Cambridge Companion to Mozart*: »Er war ein Musiker mit überragenden technischen Fähigkeiten, für den Komponieren eine Reihe von intellektuellen und ästhetischen Herausforderungen darstellte, die nur mit beträchtlich Aufwand gemeistert werden konnten.«

Mozart, der sich, um es mit heutigen, modischen Worten zu sagen, »intellektuellen Herausforderungen stellte«? Der Herausforderung, etwas Besseres zu schaffen als Vanhal, Wagenseil oder Adlgasser? Wenn es sich so verhielte, dann hätte er in Anbetracht seines überragenden Talents nur mit halber Kraft arbeiten müssen und wäre doch mühelos erfolgreich gewesen. (Mozart sagte einmal, nachdem er eine Messe des italienischstämmigen Komponisten Paul Grua gehört hatte, er selbst könne davon ein halbes Dutzend am Tag komponieren.) Oder der Herausforderung, Haydns Opus 33 etwas Gleichwertiges an die Seite zu stellen oder es sogar zu übertreffen? Gewiß, das wollte er mit seinen sechs Haydn-Quartetten ganz zweifellos, denn wenn man sich anschaut, welche Sorgfalt er auf diese Kompositionen verwandte, dann kann man bestimmt von »beträchtlichem Aufwand« sprechen. Aber warum hätte er dann solch schöne Streichquartette komponieren sollen? Im Vergleich mit KV 421 und KV 464 verblassen sogar Haydns hervorragende Meisterwerke dieses Genres, und das kann doch nicht Mozarts Absicht gewesen sein?

Postludium

Wann will man sich mit einem anderen messen? Ihn übertreffen oder, wenn das nicht gelingt, zumindest mit ihm gleichziehen? Wenn man voller Bewunderung für seine Leistungen ist. Mozart aber empfand keine Bewunderung für seine Kollegen. »In seinen Briefen aus Wien hat Mozart nur selten ein begeistertes Wort über zeitgenössische Komponisten gefunden. Männer wie Benda, Cannabich, Jommelli und Mysliveček läßt er gelten, aber Righini, Umlauf, Eberlin und Naumann setzt er herab«, schreibt Maynard Solomon in seinem Mozart-Buch.

Von »intellektuellen Herausforderungen« kann wohl nur an jenen Sonntagen die Rede gewesen sein, an denen er bei dem Niederländer Gottfried van Swieten die Musik Bachs und Händels kennenlernte. Diesen Begegnungen verdanken wir unter anderem die *Fuge c-Moll* KV 426, der er später noch ein Adagio hinzufügte (KV 546). Strenge, großartige, meisterliche Musik, mit der er sich beweisen wollte, daß er wie Bach komponieren konnte. Diesen Beweis hat er auf überzeugende Weise erbracht. Auch mit der unvollendeten *Sonate für Violine und Klavier* KV 402 wollte er Bach auf eigenem Gebiet schlagen. Fabelhafte Musik; jammerschade, daß er die Fuge nie vollendet hat. Im übrigen aber kann man aus der Tatsache, daß dieses Werk Fragment geblieben ist, ersehen, daß ihm die Komposition einer Fuge nicht leicht von der Hand ging. Mit der ebenfalls unvollendeten *Suite für Klavier* KV 399 wollte er offenbar Händel ausstechen. Obwohl ich die Courante gern spiele, fehlt ihr doch die Kraft mancher Couranten von Händel, und die Allemande klingt regelrecht steif. Bachs Partiten und Englische und Französische Suiten hat Mozart, meiner Meinung nach, nicht gekannt. Ziemlich unbefriedigend sind leider auch die Präludien, die er zu einigen Fugen des *Wohltemperierten Klaviers* komponiert hat. Und was brachte ihn dazu, Bachs Präludien durch seine eigenen zu ersetzen?

Der lange Weg zu Mozart

Trotzdem hat sich die Überzeugung, daß Mozart einzigartig ist, weil er mehr vollkommene Werke geschaffen hat als jeder andere Komponist, nur langsam bei mir durchgesetzt. In den schrecklichen sechziger Jahren, als die meisten meiner Altersgenossen sich auf die abscheuerregenden Beatles und die noch abscheuerregenderen Rolling Stones stürzten, hatte ich nämlich wenig Gelegenheit, Kompositionen von Mozart kennenzulernen. Es gab damals keinen Klassiksender, und man war auf die knapp einstündige Sendung mit populärer klassischer Musik angewiesen, die der Katholische Rundfunk samstags von halb acht bis halb neun ausstrahlte. An den Kauf eines Plattenspielers war nicht zu denken. Mit meinem Stipendium von 2400 Gulden pro Jahr kam ich ganz gut über die Runden, doch für einen Plattenspieler blieb nichts übrig. Und selbst wenn das der Fall gewesen wäre, so hätte ich doch kein Geld für Langspielplatten gehabt, weil Schallplatten im Vergleich zu heute wahnsinnig teuer waren. Eine LP kostete damals 24 Gulden, also ein Prozent meines Stipendiums. Hundert Schallplatten, und mein Geld wäre weggewesen. Erst als ich angehender Biologielehrer war und etwas dazuverdiente, konnte ich mir den Kauf von Langspielplatten erlauben. Und obwohl ich noch keinen Plattenspieler besaß, habe ich mir damals auch meine beiden ersten beiden Platten gekauft. Da meine finanziellen Mittel doch sehr beschränkt waren, handelte es sich dabei um sogenannte »halbe Platten«, die damals noch angeboten wurden: eine Philips-Aufnahme des *Doppelkonzerts für zwei Violinen* von Bach und eine Decca-Aufnahme der *Sinfonia concertante für Violine und Viola* KV 364 mit Vater und Sohn Oistrach; letztere habe ich angeschafft, weil ich bei Höweler gelesen hatte, daß sie zu den schönsten Instrumentalwerken Mozarts gehört. Nachdem ich mir die Platten gekauft hatte, fing ich an, auf einen Plattenspieler zu sparen.

Doch nun greife ich bereits vor auf meine Mozart-Queste. Ehe ich in der Lage war, die *Sinfonia concertante* zu erwerben, mußte ich mich mit den Mozart-Aufnahmen zufriedengeben, die ich bei Freunden zu hören bekam. In Leiden wohnten ein paar Kommilitonen, die tatsächlich im Besitz eines Plattenspielers waren und die zum Glück auch einige Aufnahmen wirklicher Musik hatten. Einer von ihnen, wohnhaft im Rijnsburgerweg, hatte eine Aufnahme der *Symphonie Nr. 2* von Brahms unter Leitung von Pierre Monteux. Ihm rückte ich am frühen Abend auf die Bude. Einfach zu verlangen: »Leg doch nochmal die *Zweite* von Brahms auf«, das ging natürlich nicht. Er hätte dann bestimmt gemerkt, daß ich nicht so sehr seinetwegen, sondern vielmehr der Musik wegen kam. Doch während ich scheinbar gemütlich mit ihm plauderte, gelang es mir immer wieder, beiläufig eine Bemerkung fallen zu lassen, die ihn dazu brachte, daß er die Brahms-Symphonie aus der knallgrünen Hülle holte. Wenn das Stück zu Ende war, fuhr ich mit dem Rad weiter. In einer Seitenstraße des Rijnsburgerweg wohnte Eduard Bomhoff, der 2002 für knapp drei Monate stellvertretender Ministerpräsident der Niederlande werden sollte. Er besaß damals bereits eine große Schallplattensammlung und war außerdem immer bereit, seinen Gästen etwas daraus vorzuspielen. Allerdings mußte man dann auch seine äußerst giftigen Bemerkungen ertragen, denn Bomhoff ist zwar ein Vorzeigechrist, von Nächstenliebe jedoch hat er noch nie etwas gehört. Bei meinem ersten Besuch in Bomhoffs Studentenzimmer legte er für mich Mozarts *Klavierkonzert d-Moll* KV 466 auf. Wie wunderbar sich das auf seiner fürstlichen Anlage anhörte! Die ersten Takte, die bedrohlichen, finsteren Bässe, die ergreifenden Synkopen! Am Flügel saß Géza Anda. Er spielte das Werk großartig. Jedesmal, wenn ich Eduard besuchte, bat ich ihn, die Platte noch einmal aufzulegen, und dann umgab mich wieder der grollende Donner der dunklen Bässe, die mir die Kehle zuschnürten. Es war, als könnte es auf der ganzen Welt nichts geben, das mit dem Anfang dieses Werkes vergleichbar war.

Eduard wollte, vollkommen zu Recht, etwas für meine Bildung tun und spielte mir deshalb auch die anderen Mozart-Aufnahmen aus seiner reichen Sammlung vor, unter anderem die letzten drei Symphonien. Ich kann mich noch gut daran erinnern, daß ich vor allem der *Jupiter-Symphonie* mit großem Erstaunen gelauscht habe. Ich hatte erwartet, daß der erwachsene Mozart, anders als der Mozart der *Symphonie Nr. 29*, die mich so ergriffen hatte, Symphonien komponiert hat, die mit denen Beethovens vergleichbar sind. Vor allem dann, wenn eine davon den Beinamen *Jupiter* trug. Aber die *Jupiter-Symphonie* klang überhaupt nicht wie eine Beethoven-Symphonie. Keinerlei Eruptionen, nirgendwo das ruppige, wüste Gedonner, das ich in den letzten beiden Sätzen der *Siebten* von Beethoven kennengelernt hatte. Nirgendwo Siegesklänge wie im letzten Satz der *Fünften*. Nichts, das an das Gewitter in der *Sechsten* oder den Trauermarsch in der *Eroica* erinnerte. Bei Mozart war alles leichter, zierlicher, anmutiger, transparenter, feinsinniger, aber auch schwerer greifbar. Beethoven schüttelte einen, als wäre man ein Hund, der zur Ordnung gerufen werden muß. Mozart schüttelte einen überhaupt nicht, im Gegenteil, er schien sich in der *Jupiter-Symphonie* zu verschanzen, in ihren äußerst subtilen Wendungen, in der wunderschönen Figur im langsamen Satz mit den Wiederholungsnoten.

Mozart hatte die Wirkung einer Entziehungskur. Je besser ich mir die *Jupiter-Symphonie* durch wiederholtes Hören bei Eduard aneignen konnte, um so mehr trat Beethoven, bis dahin mein zweiter großer Held neben Bach, in den Hintergrund. Mozart entlarvte Beethoven als wenig feinsinnigen Komponisten, der mit groben Mitteln arbeitete. Natürlich sehe ich das inzwischen wieder ganz anders, aber dennoch ist es immer noch so, daß Mozart Beethoven, vor allem den der *Symphonie Nr. 5*, in den Hintergrund gedrängt hat. Daß Beethoven seine Hausangestellten mit Eiern bewarf, die seiner Meinung nach nicht richtig gekocht waren, habe ich damals dank Mozart auch in seiner Musik gehört, und es hat mich dreißig Jahre gekostet, bis ich seine Musik wieder uneingeschränkt bewundern konnte; und auch dann müssen es schon perfekte Interpretationen sein wie etwa die der Klaviersonaten durch Richard Goode oder die des wunderschönen *Erzherzogtrios* durch das Kemp-Trio oder die der Streichquartette durch das Alban-Berg-Quartett.

Es ist ein wenig merkwürdig, daß nach meinem Gefühl Beethoven und Mozart einander im Weg stehen; von anderen Musikliebhabern habe ich dergleichen nie gehört. Hinzu kommt noch, daß Beethoven Mozarts Musik zutiefst verehrt hat, was man in seinem *Klavierkonzert Nr. 3* und dem *Streichquartett A-Dur* op. 18 Nr. 5 sehr gut hören kann. Aber gerade weil das *Klavierkonzert Nr. 3* so stark an Mozarts *Klavierkonzert Nr. 24* erinnert, denke ich immer: Ja, ein phantastisches Stück, aber es kommt doch nicht an sein großes Vorbild heran. Und das gilt in noch viel stärkerem Maß für das *Streichquartett A-Dur*, das sich an Mozarts *Streichquartett A-Dur* KV 464 anlehnt. Aber natürlich kann man mit letzterem auch gar nicht konkurrieren, denn KV 464 ist das mit Abstand sublimste Streichquartett, das je komponiert wurde.

Meine Liebe zu Mozart wurde durch dessen Kompositionen in A-Dur geweckt. Es fing an mit der *Symphonie A-Dur Nr. 29* KV 201; nur wenige Wochen später hörte ich in meinem Brotausträger-Radio das *Klarinettenquintett A-Dur*, das für mich eine vielleicht noch größere Offenbarung war. Später kam dann in der Radiosendung mit populärer klassischer Musik, die der Katholische Rundfunk am Samstagabend brachte, das *Klavierkonzert A-Dur Nr. 23*. Ich lag mit Fieber und Schüttelfrost im Bett, doch die Musik hob mich von meinem Krankenbett auf und trug mich regelrecht in den Himmel. Aber es ist natürlich auch eine Tatsache, daß dieses *Klavierkonzert A-Dur Nr. 23* selbst im Werk Mozarts ein Wunder darstellt, ein so großes Wunder sogar, daß ich außer der herrlichen Einspielung von Murray Perahia mit dem English Chamber Orchestra eigentlich nie mehr eine Aufführung gehört habe, die der Wärme, der herbstlichen Melancholie dieser Botschaft aus einer besseren Welt gerecht geworden wäre. Einer Welt, aus der alle Mühen, Sorgen und Plackereien des irdischen Daseins verbannt zu sein scheinen.

Die Tonart A-Dur beflügelte Mozart. Schon die *Symphonie A-Dur* KV 114 ist ein Wunder. Es ist unbegreiflich, daß ein vierzehnjähriges Kind ein solches Stück komponieren konnte. Das liebliche Anfangsthema und dann, etwas später, die subtile, kanonartige Durchführung des zweiten Themas. Wie ist es möglich, daß so ein Bürschchen sich so etwas ausdenkt?

Das *Klavierkonzert A-Dur Nr. 12* KV 414 ist ein herrliches Stück; in derselben Tonart ist die Klaviersonate geschrieben, deren Rondo den Beinamen »Türkischer Marsch« erhalten hat, auch wenn dieser Marsch selbst zum größten Teil in a-Moll steht.

Mit seinen Werken in A-Dur sagte Mozart zu mir: »Là ci darem la mano«, und es kann natürlich kein Zufall sein, daß dieses Verführungsduett auch in A-Dur komponiert ist. Doch nicht nur die Tonart A-Dur beflügelte ihn, sondern auch die Komposition von Duetten. Zwei (oder mehr) Singstimmen übten einen unwiderstehlichen Reiz auf ihn aus, und gerade die oft amourösen Duette hat er in A-Dur geschrieben.

»Nicht weniger als elf solcher musikalischer Liebeserklärungen stehen bei Mozart in A«, schreibt Karl Hammer in seinem Buch und listet sie alle auf, auch das für *Idomeneo* nachkomponierte Duett »Spiegarti non poss'io« und das Duett aus der unvollendeten Oper *L'oca del Cairo* (ein herrliches Stück übrigens, das man leider nie zu hören bekommt, weil eine unvollendete Oper natürlich nicht aufgeführt wird).

Aber auch das Knabenterzett »Seid uns zum zweitenmal willkommen« aus der *Zauberflöte* steht in A-Dur, wie auch der innigste Teil des Quartetts aus der *Entführung aus dem*

Serail, in dem die Verliebten ihr wiedergewonnenes Vertrauen besingen.

So viel steht fest: Bei Mozart findet man mehr Liebe, Verliebtheit, Erotik, Sinnlichkeit, Leidenschaft und amouröse Verwicklungen als bei jedem anderen Komponisten. Bei Beethoven fehlt die Erotik vollständig; im *Fidelio* haben wir es lediglich mit ebenso braver wie abstrakter ehelicher Treue zu tun. Bei Bach dreht sich zwar alles dezidiert um Liebe, jedoch nicht um die Liebe zwischen Mann und Frau, sondern um die zwischen dem Menschen und seinem Schöpfer. Bei Schubert befinden wir uns, vor Sehnsucht schmachtend, lediglich vor dem Portal der Liebe. Ebenso ist es bei Brahms, und hier wird sogar frech an die Tür geklopft; doch wenn sich die Tür öffnet, nimmt Brahms Reißaus. Bei Wagner ist die Liebe Kopf einer Münze, und die Zahl ist nichts weniger als das Schicksal persönlich. Auch bei Verdi ist die Liebe die Kopfseite einer Münze, Zahl aber ist die Macht. Bei Schumann erscheint die Liebe, vor allem in *Frauenliebe und -leben*, als ebenso braves, leicht kleinbürgerliches Phänomen wie bei Beethoven. Nur bei Mozart findet man die echte, heißblütige Erotik, nur bei ihm landet man im verwirrenden Spannungsfeld, im Minenfeld und in der Schlangengrube der Liebe, und das hat manchmal etwas Beängstigendes. Nach den drei Da-Ponte-Opern macht er in der *Zauberflöte* einen Schritt zurück, denn sowohl Tamino als auch Papageno beschränken sich brav auf eine Geliebte, letzterer sogar stotternd. Anschließend aber öffnet er in *La clemenza di Tito* die Tür wieder einen Spaltbreit für wirkliche Sinnlichkeit.

Postludium

War Mozart ein Womanizer? Manche Biographen, Maynard Solomon zum Beispiel, gehen davon aus, daß Mozart geheime Beziehungen zu diversen Sängerinnen unterhielt. Solomon verliert sich in allerlei Vermutungen über die Reise nach Norddeutschland, welche Mozart im Frühjahr 1789 mit Karl Fürst Lichnowsky unternahm. Traf er sich während dieser Reise wiederholt mit der Sängerin Josepha Duschek? Machte er ihretwegen einen Umweg über Leipzig? So suggestiv Solomon sein Kapitel über die Berlinreise auch geschrieben hat, es gibt nicht den geringsten Beweis dafür, daß Mozart während dieser Zeit galante Abenteuer erlebt hätte. Wir wissen erstaunlich wenig über diese Reise, und weil wir wenig wissen, kann man viel hineinphantasieren. Bereits lange vor Solomon hat Volkmar Braunbehrens in seinem wunderbaren Buch *Mozart in Wien* festgestellt: »Selbstverständlich ist auch bei Gelegenheit dieser Berlinreise Mozart manche erotische Bekanntschaft mit Sängerinnen angedichtet worden – mit welchem Bedürfnis, wird ein ewiges Geheimnis ihrer Verfasser bleiben.«

Daß eine wundervolle Frauenstimme Mozart, der in erster Linie doch Musiker war, beeindrucken konnte, steht hingegen zweifelsfrei fest. Seine erste Susanna, Nancy Storace, hat er auf Händen getragen, und für sie komponierte er seine glanzvollste Konzertarie, *Non temer, amato bene* KV 505. Vielen anderen hervorragenden Sopranistinnen schrieb er ebenfalls Arien auf den Leib, allen voran Aloysia Weber: *Mia speranza adorata!* und *Nehmt meinen Dank, ihr holden Gönner!*

Für Josepha Duschek komponierte er bereits im August 1777 die phantastische Arie *Ah, lo previdi* KV 272. Wenn er also tatsächlich 1789 wegen Josepha nach Dresden und Leipzig gereist sein sollte, so feierte er damals, daß er bereits zwölf Jahre in sie verliebt war. So lange verliebt, das ist ziemlich unwahrscheinlich.

Ich glaube, daß jemand wie Mozart, der ein unglaublicher Workaholic war, schlechterdings kaum Zeit für Liebschaften hatte. Liebe kostet Zeit und Energie. Liebe macht faul, träge und lethargisch. Womanizer vollbringen keine großen Leistungen. Mozart war kein Womanizer. Vor seiner Heirat mit Constanze hatte er nur eine Liebelei mit seiner Cousine, und auch wenn Solomon davon ausgeht, so ist es doch sehr fraglich, ob er mit ihr geschlafen hat. Mozart hatte, wie aus seinen Briefen hervorgeht, große Angst vor Geschlechtskrankheiten. An dem Komponisten Joseph Mysliveček hatte er gesehen, was eine solche Krankheit anrichtet, und so wollte er nicht enden. Was er zu diesem Thema an seinen Vater schreibt, hat zwar etwas Scheinheiliges, doch durch die Beschreibung der Leiden seines Kollegen schimmert echte Angst durch. Wenn eine Frauenstimme ihm den Kopf verdrehte, beschränkte er sich deshalb auf die Komposition von Konzertarien.

Solomon hat zuvor bereits ein einzigartiges Buch über Beethoven geschrieben. Nachdem er das Thema Beethoven – und dessen unsterbliche Geliebte – erschöpfend behandelt hatte, war offenbar Mozart an der Reihe. Arbeitet er nun etwa an einem Buch über Bach? Was wird er dann wohl über dessen Reise von Arnstadt nach Lübeck schreiben? Darüber wissen wir noch viel weniger als über Mozarts Reise nach Berlin im Jahr 1789. Zu Bachs Lübeckreise gibt es nur eine Quelle, nämlich Bach selbst, und eine solche Quelle ist keine Quelle, wie Biographen immer sagen. Ein biographisches Faktum muß immer durch zwei voneinander unabhängige Quellen belegt werden. Was also soll man über Bachs Reise nach Lübeck sagen? Hat Bach vielleicht drei Monate lang mit einem Mädel im Heu gelegen und hinterher behauptet, er sei in Lübeck gewesen?

Der Dämpfer am Klavier

Mit seinen Kompositionen in A-Dur hat Mozart mich in seinen Bann geschlagen. Doch schon bald stellte ich fest, daß er auch in anderen Tonarten Himmlisches erschaffen konnte, denn die erste halbe Platte mit der Aufnahme der *Sinfonia concertante* erwies sich, als ich sie endlich auf meinem zusammengesparten Plattenspieler abspielen konnte, ebenfalls als Volltreffer. Was ist KV 364 doch bloß für ein prächtiges Werk, voller Sommersonne im ersten Satz, besonders, wenn es so wild und ungestüm gespielt wird wie von Vater und Sohn Oistrach auf der Decca-Platte. Welch eine Lebenslust im letzten Satz! Und der Mittelsatz in c-Moll ist eine melancholische Meditation von ungemeinem Reiz.

Dennoch mußte Mozart damals Bach weichen. Ich wollte alle Kantaten des Älteren kennenlernen. Heute kann man sie in unterschiedlichen Aufnahmen für relativ wenig Geld im Dutzend kaufen, manchmal sogar im Drogeriemarkt. Außerdem werden sie in Gottesdiensten aufgeführt, und die diversen Klassiksender haben Bach-Kantaten regelmäßig im Programm. In den sechziger Jahren aber veröffentlichten allenfalls irgendwelche obskuren Plattenfirmen hin und wieder Kantaten von Bach, bis schließlich – welch goldener Rand um die finstere Wolke dieses elenden Beatles-Jahrzehnts! – Erato sich daran machte, *Les Grandes Cantates de Jean Sébastien Bach* unter der Leitung von Fritz Werner zu veröffentlichen.

Auch in anderer Hinsicht verdrängte Bach damals Mozart. Von Kindheit an wollte ich gern Orgel und Klavier spielen, aber es war überhaupt nicht daran zu denken, daß meine Eltern auch nur einen Cent für Unterricht ausgeben würden. Die Psalmen konnte ich auswendig spielen, und wenn ich mehr wollte, gab es das Klavarskribo-Notationssystem. Glück muß man haben!

Das erste, was ich folglich nach meiner Ankunft in Leiden tat, war, einen Orgellehrer zu suchen. Von den 2400 Gulden konnten, nein: mußten Orgelstunden finanziert werden. Schon bald stellte sich heraus, daß es zu spät war, um noch ein gewisses Niveau zu erreichen, denn wer es als Instrumentalist zu etwas bringen will, muß so früh wie möglich anfangen zu üben. Trotzdem machte ich recht schnell Fortschritte, und schon nach zwei Jahren beherrschte ich die einfachsten Präludien aus dem *Wohltemperierten Klavier*. Doch viel weiter als über Bach und das *Wohltemperierte Klavier* bin ich nie hinausgekommen, und zwar aus einem einfachen Grund: Nichts bereitete mir so großes Vergnügen wie das Spielen der Stücke, die Bach für Klavier komponiert hat.

Mozart, so fand ich heraus, gefiel mir, wenn ich versuchte, seine Klavierstücke selbst zu spielen, sehr viel weniger als Bach. Was stimmte bloß mit all den Klaviersonaten nicht, daß es mir solche Mühe bereitete, sie zu spielen? In Simon Vestdijks Buch *Keurtroepen voor Euterpe* hatte ich gelesen: »Soweit ich Mozarts umfangreiches und bei weitem nicht vollständig aufgeführtes Werk kenne, würde ich behaupten wollen, daß der Prozentsatz seiner am besten gelungenen Werke bei den Klaviersonaten am höchsten ist.« Zu der Zeit war Vestdijk für mich das Evangelium, und so kam ich gar nicht auf den Gedanken, an der Richtigkeit dieser Aussage zu zweifeln. Hinzu kam noch, daß ich »Mozarts umfangreiches und bei weitem nicht vollständig aufgeführtes Werk« damals kaum kannte. Heute kann ich mich über Vestdijks Behauptung nur wundern. Es ist, als würde man sagen, in Beethovens Œuvre sei der Prozentsatz der am besten gelungenen Werke bei den Liedern am höchsten.

Mozarts Klaviersonaten gehören in Wirklichkeit zusammen mit einigen seiner frühen Messen und den siebzehn Kirchensonaten für Orgel und Orchester zu den am wenigsten interessanten Teilen seines Werkes. Gewiß, es gibt einige wunderbare Sonaten, KV 310, KV 457, KV 576, aber die meisten anderen gefallen mir, auch wenn ich eine Schwäche für KV 330 habe, sehr viel weniger als etwa seine sieben Klaviertrios. Als ich mich seinerzeit am Klavier in die Sonaten vertiefte, fiel ich von einer Enttäuschung in die andere. Das lag natürlich vor allem an mir. Wenn man die Sonaten wirklich ansprechend darbieten will, dann muß man vortrefflich Klavier spielen können. Anders als Haydn, der mit seinen grillenhaften Einfällen dem Spieler viel weiter entgegenkommt und bei dem es kein Beinbruch ist, wenn man mal eine Note ausläßt, macht Mozart dem Pianisten gegenüber keine Konzessionen. Viele Läufe, viele Albertibässe. Wenn die Sonaten sprühend klingen sollen, muß man sie flüssig, sehr gleichmäßig und perlend spielend. Bei mir aber stocken die Läufe, und die Albertibässe holpern. Bei Mozart stößt man auch häufig auf rhythmisch gleichförmige Läufe und Akkordbrechungen, bei denen ein Amateurpianist wie ich rasch dazu neigt, sie einfach nur herunterzuspielen. Außerdem ist, wie

Christian Zacharias in einem Interview sagt, das Spezifische bei Mozart, daß es immer einen lebhaften Dialog zwischen allen Teilnehmern gibt. Bei ihm drehe sich alles um Kommunikation. Seine Musik sei wie ein Rollenspiel mit allerlei Figuren auf der Bühne. Die verschiedenen Stimmen eines Stückes unterhielten sich fortwährend miteinander. Darum sei es auch so schwierig, Mozart solo zu spielen. Hier komme eine Figur dazu, und dort gehe sie wieder fort. Es sei, als müßte man eine Oper auf dem Klavier spielen.

Besser kann man nicht ausdrücken, warum es so teuflisch schwierig ist, Mozart zu spielen. Und wie hätte ich, der ich bereits bei meinem Theaterdebüt als Küchenjunge versagt hatte, jemals zu einem so komplexen Rollenspiel fähig sein sollen?

Meine erwachende Mozart-Liebe bekam also damals am Klavier einen gehörigen Dämpfer. Auch bei den Variationen, die ich mir später im Klavierunterricht der Reihe nach vornahm, wurde mir nicht zugesungen: »Là ci darem la mano.« Wären meine »mani« doch nur besser dafür ausgerüstet gewesen, all diese Werke zu spielen, dann wäre vielleicht alles anders gekommen. Nur KV 54 – dieses Werk trägt zu Unrecht eine niedrige Köchelnummer; vermutlich wurde es im Juli 1788 komponiert – ist mir einigermaßen in die Finger gekommen. Diese Variationen sind ein kleines Juwel.

Später entdeckte ich, daß es auch wunderschöne Stücke in Moll gibt, wenn man sich auf dem Klavier (oder auf der Orgel) zu seiner Liebe zu Mozart bekennen möchte: die *Fantasie d-Moll* KV 397, das großartige, schmerzensreiche *Rondo a-Moll* KV 511, das resignierte *Adagio h-Moll*

KV 540, und die beiden nicht genug zu lobenden *Fantasien für mechanische Orgel* KV 594 und vor allem KV 608 in der bei Mozart so selten vorkommenden Tonart f-Moll. Auch das *Menuett* KV 355 mit seiner gewagten Chromatik läßt, wenn die Finger die Musik zum Erklingen bringen, mein Herz hüpfen wie die ebenso gewagte, schnippische *Gigue für Klavier* KV 594.

Wenn man aber musizierend die gleiche mit großer Dankbarkeit erfüllende und tiefe Verehrung nach sich ziehende Verführung erleben möchte, die einen im Konzertsaal oder in der Oper beim Hören von Mozart überkommt, dann muß man jemanden finden, mit dem man die wunderschöne *Sonate zu vier Händen* KV 497 oder die herrlichen *Variationen zu vier Händen* KV 501 spielen kann. Alle anderen Klavierstücke zu vier Händen sind leider weniger interessant, bestenfalls sind sie ganz nett zu spielen. Das gilt auch für die *Sonate für zwei Klaviere* KV 448.

Beinah noch glücklicher kann man sich preisen, wenn man einen Geiger trifft, mit dem man die Sonaten für Violine und Klavier spielen kann. So uninteressant die Klaviersonaten relativ gesehen auch sein mögen, die meisten Sonaten für Violine und Klavier sind, angefangen bei den Werken, die Mozart für diese beiden Instrumente vermutlich in Mannheim komponierte, dafür um so herrlicher. Mozart war nun einmal ein sehr sozialer Mensch. Allein am Klavier sitzend den Himmel zu bestürmen wie Beethoven oder sich wie Schumann in Träumen zu verlieren, das lag ihm überhaupt nicht. Auch in seinen Opern geschehen die größten Wunder fast immer in Duetten, Quartetten und in Ensembles. Bei seinem Opernprojekt *Lo sposo deluso* kam er nicht über den Beginn des ersten Aktes hinaus, aber das

Terzett daraus gehört zu den schönsten, die er je komponiert hat. Jammerschade, daß man es nie zu hören bekommt.

Damals, als meine Mozart-Liebe erwachte, war leider kein Geiger verfügbar, mit dem ich zum Beispiel KV 304 in e-Moll hätte spielen können: Mozart auf der Höhe seiner Kunst in einer Molltonart, die nur selten bei ihm vorkommt und in der er, genau wie in der Arie »Ach, welche Schwermut drückt meine Seele« aus *La finta giardiniera*, versucht, ebendiesen Gemütszustand musikalisch darzustellen. Beinahe noch schöner ist das Rondo aus der *Sonate* KV 302. Sie gehört zu den sechs sogenannten »Pariser Sonaten«, die – teilweise in Mannheim komponiert – in der französischen Hauptstadt zum erstenmal veröffentlicht wurden. In der Hoffnung, eine Gönnerin zu gewinnen, widmete Mozart diese sechs Sonaten der Kurfürstin Elisabeth von der Pfalz, weshalb sie auch als »Kurpfälzische Sonaten« bezeichnet werden.

Die fünf Sonaten KV 376–380 gehören wie KV 454 und KV 481 ebenfalls zu Mozarts besten Werken. Den Höhepunkt seiner Kompositionen für Violine und Klavier bildet jedoch die *Sonate A-Dur* KV 526, in der Tonart also, welche Mozart immer beflügelt hat. Während er am *Don Giovanni* arbeitete, zog Mozart sich in KV 526 gleichsam für eine Weile in sich selbst zurück. Möglicherweise wollte er so all die Emotionen, welche die Arbeit an der Oper bei ihm hervorrief, mit den sublimen, melancholischen Klängen der in seinem Fall so hervorragend harmonierenden Kombination von Violine und Klavier beschwören – vor allem mit dem überragenden langsamen Satz.

So verschieden Mozart und Beethoven auch waren – was ihre Sonaten für Violine und Klavier angeht, kann man die beiden sehr gut miteinander vergleichen. Beethoven schrieb weniger Sonaten für Violine und Klavier (zehn) als Mozart, doch sie sind fast alle wunderbare Kompositionen; und nachdem er zehn Jahre lang nichts für diese Instrumentenpaarung komponiert hatte, beendete er, ähnlich wie Mozart, sein Schaffen für dieses Genre mit einer wunderschönen, melancholischen Ich-bin-der-Welt-abhanden-gekommen-Sonate.

Die Violinstimme der *Sonate* KV 570 aus dem Jahr 1789 stammt übrigens vermutlich nicht von Mozart selbst. Bei diesem Werk handelte es sich ursprünglich wohl um eine reine Klaviersonate: gut zu spielen, sehr schön, herrlicher Mittelsatz, schwieriger Schlußsatz.

Möglicherweise hat es ja auch sein Gutes, daß meine Fertigkeit bei weitem nicht reicht, um Mozart angemessen spielen zu können. Das hat mich vielleicht vor blinder Mozart-Verehrung bewahrt; ebenso wie die ernüchternde Entdeckung, daß es – im Vergleich zu Bach – bei Mozart relativ viele eher langweilige Werke gibt, wie zum Beispiel einige der schon früher erwähnten Messen aus seiner Jugendzeit (aber aufgepaßt, immer wieder finden sich in diesen Messen Teile, die sehr gut sind), die Kirchensonaten (von einigen Ausnahmen abgesehen), Werke wie das *Konzert für Flöte und Harfe*, das *Konzert für zwei Klaviere und Orchester* KV 365 oder die Klavierkonzerte vor KV 271.

Bei Bach verhält es sich anders. Seine allerbesten Kompositionen ragen nicht so weit über seine Alltagsarbeiten hinaus, denn auch seine Alltagsarbeiten sind, von wenigen Ausnahmen abgesehen, großartig. Leider muß man davon ausgehen, daß viele Jugendwerke Bachs verlorengegangen sind. In Anbetracht der wenigen überlieferten

Kompositionen – *Kantate Nr. 71*, *Kantate Nr. 208*, *Kantate Nr. 106* – finde ich das sehr bedauerlich. Von Mozarts Werken hingegen ist erstaunlich wenig verlorengegangen, weil sein Vater alles sorgfältig aufbewahrt hat, inklusive der meisten Briefe seines Sohnes. Allein dafür gebührt Leopold ein Denkmal. Na ja, ein kleines Denkmal, denn er hat seinen Sohn stark manipuliert und ihn klein halten wollen. In diesem Zusammenhang kann ich das Mozart-Buch von Solomon Maynard empfehlen. Meiner Ansicht nach liefert er ein unübertroffenes Porträt von Vater Mozart, und von Schwester Nannerl übrigens auch.

Um blinde Mozart-Verehrung zu verhindern, weist auch Arthur Hutchings, der 1948 ein Buch über Mozarts Klavierkonzerte veröffentlichte, darauf hin, daß es auch weniger gelungene Werke gibt. Zudem versucht er, einer übertriebenen Bewunderung Mozarts vorzubeugen, indem er bemerkt, daß Mozart nur wenig belesen war, daß er sich selbst nicht »verbesserte«, wie Beethoven es tat, daß er in seinen Briefen nie die schönen Landschaften erwähnt, durch die er auf seinen Reisen fuhr, und daß er sich offenbar überhaupt nicht für Malerei interessierte, obwohl doch so viele Museen an seinem Weg lagen. Hutchings schreibt auch: »Warum heiratete er überhaupt, bevor er jemanden gefunden hatte, der seinem Genie würdiger war als Constanze?« Er nimmt es Mozart auch übel, daß dieser in seiner Freizeit getanzt und Billard gespielt hat. Dem können wir noch hinzufügen, daß Mozart – das vermutete man 1948 noch nicht – sein Geld wohl beim Glücksspiel zum Fenster hinausgeworfen hat. Diese Behauptung stellte jedenfalls Uwe Kraemer 1976 in einem aufsehenerregenden Artikel für die Zeitschrift *Musica* auf (frühere Mozart-Forscher wie Kreitmaier und Schurig hatten jedoch bereits ähnliche Andeutungen gemacht). Die Folgen waren Spielschulden, so daß Mozart sich gezwungen sah, Bettelbriefe an seinen reichen Logenbruder Puchberg zu schreiben. Wir wissen heute auch, daß er es in vollen Zügen genoß, Karneval zu feiern und sich zu verkleiden, um dann als Clown oder Hanswurst über die Stränge zu schlagen. Möglicherweise hat er bei dieser Gelegenheit sogar mit Frauen angebändelt. Hutchings wäre darüber bestimmt sehr erschrocken gewesen. Er schreibt ein wenig enttäuscht: »War es Angst, das unedelste Gefühl in einem Künstler, das ihn dazu brachte, die Philosophie zu meiden und in der Sicherheit der nicht in Frage gestellten Orthodoxie zu verharren?« Als ob Bach, Haydn und Bruckner, um nur einige große Namen zu nennen, sich jemals mit der »Philosophie« eingelassen hätten und aus dem sicheren Hafen »der nicht in Frage gestellten Orthodoxie« hinausgefahren wären.

Es ist auch abwegig, Mozart vorzuwerfen, daß er Constanze zur Frau nahm. Sogar Hildesheimer schimpft in seinem ansonsten hervorragenden Buch fortwährend auf Constanze. Gibt es nicht viel mehr Gründe, auf den Drachen Maria Anna Keller zu schimpfen, mit dem Joseph Haydn verheiratet war? Mozart selbst hat nie über Constanze geschimpft und war ihr, wie aus den erhalten gebliebenen Briefen hervorgeht, vorbehaltlos zugetan. Auch im Bett hatten die beiden, wie ebenfalls die Briefe zeigen, viel Freude aneinander, was für Constanze leider (denn sie war nicht bei bester Gesundheit) zur Folge hatte, daß sie immer wieder schwanger wurde. Während der neun Jahre, die sie mit Mozart verheiratet war, hat sie sechs Kinder geboren, von denen vier starben. Nach Mozarts Tod hat sie überaus sorgfältig seinen Nachlaß verwaltet, so daß man ihr auch in diesem Punkt keinerlei Vorwürfe machen kann. Achtzehn Jahre nach dem Tod ihres Mannes heiratete sie den dänischen Diplomaten Georg Nikolaus Nissen und half ihm beim Schreiben einer Mozart-Biographie. Sie starb 1842 im Alter von achtzig Jahren. Zu Recht legt Braunbehrens in seinem Buch *Mozart in Wien* ein gutes Wort für sie ein.

Mozart wollte nichts lieber, als daß sein Vater sich mit der Wahl seiner Braut einverstanden erklärte. Er komponierte sogar eine Oper, *Die Entführung aus dem Serail*, mit der er nebenbei auch seinen Vater dazu bringen wollte, seine Zustimmung zur Hochzeit mit Constanze zu geben. Leider vergeblich. Und dann, nach Mozarts Tod, treten tatsächlich an Leopold Mozart erinnernde Isegrimme auf den Plan, die erneut Zweifel an Mozarts Brautwahl äußern. All diese Äußerungen sind vollkommen unangebracht! Auf dem schönen Porträt, das wir von Constanze besitzen, sieht sie ausgesprochen hübsch aus. Im Umgang war sie zweifellos sehr viel angenehmer als die Frau von Richard Strauss – um von Haydns Gattin gar nicht erst zu reden. Und von Purcells Frau wird berichtet, daß sie dem Komponisten an einem kalten Winterabend den Zugang zur ehelichen Wohnung verweigerte, als dieser betrunken nach Hause kam. Henry Purcell, vom Alkohol erhitzt, erkältete sich und starb.

Völlig unangebracht ist es auch, Mozart vorzuwerfen, daß er gern Billard spielte und tanzte, daß er (auch wenn wir darüber kaum etwas wissen) wenig las und sich nicht für die Natur und die Malerei interessierte. Als hätte er, wenn er mehr gelesen, Gemälde betrachtet, die Natur genossen und sich mit Philosophie beschäftigt hätte, besser komponiert. Man sollte jemandem, der ein solch sublimes Meisterwerk wie *Die Hochzeit des Figaro* komponiert hat, die Vergnügungen des Billardtischs großherzig gönnen, auch wenn man sie nicht teilt. Es stört mich auch nicht, daß Mozart sich vielleicht an Glücksspielen beteiligt hat. (Im *Cambridge Companion to Mozart* schreibt William Stafford übrigens, daß es dafür keinerlei Beweise gibt.) Ich bedaure allenfalls, daß Mozart dadurch in große finanzielle Schwierigkeiten geraten ist und Puchberg wiederholt um Geld bitten mußte. Wahrscheinlich aber hatte Mozart vor allem deshalb Geldsorgen, weil es dem Land Österreich gegen Ende des 18. Jahrhunderts immer schlechter ging. Infolge des Kriegs mit der Türkei herrschte Inflation, und die südlichen Niederlande, damals noch in österreichischem Besitz, hatten sich gegen die Obrigkeit erhoben. Auch auf dieses Thema geht Maynard Solomon ausführlich ein, vor allem im Kapitel »Prag und danach«.

Ebenso unangebracht wie die merkwürdigen Vorwürfe Hutchings' ist eine Bemerkung von Simon Callow, der in Peter Shaffers Theaterstück *Amadeus* Mozart und in der Verfilmung dieses zusammengepfuschten Machwerks Emanuel Schikaneder gespielt hat. Er sagte, Mozarts Charakter sei »seinem Genius nicht angemessen gewesen«. Welch ein Geschwätz! Dank der vielen Briefe, die erhalten geblieben sind, können wir uns eine recht gute Vorstellung von Mozart machen. Er war ein Mensch, den man sehr rasch in sein Herz schloß, fröhlich, einnehmend, geistreich, lebendig, nett, unprätentiös und immer bereit, Kollegen zu helfen, auch wenn er, meistens zu Recht, keine hohe Meinung von ihren kompositorischen Fähigkeiten hatte. Mozart war ein äußerst sozialer Mensch, der voller Albernheiten steckte, der manchmal regelrecht kindisch und naiv, doch nie falsch, gemein oder bösartig war.

Das Bild, welches das Theaterstück von Shaffer und der Film von Miloš Forman vermitteln, hat fast keine Ähnlichkeit mit dem wirklichen Mozart. Wer ihn kennenlernen will, der lese seine Briefe und mache einen großen Bogen um diesen widerlichen Mistfilm und das vollkommen geschmacklose Theaterstück.

Postludium

Wir besitzen einen einzigen persönlichen Brief Bachs; Mozarts Briefe, die seines Vaters und seiner Mutter sowie die Tagebuchaufzeichnungen seiner Schwester wurden 1962 vom Verlag Bärenreiter in sechs umfangreichen Bänden veröffentlicht. Ich habe mir diese sechs Bände 1970 von meinem ersten Gehalt als wissenschaftlicher Mitarbeiter der Universität Leiden gekauft. Wenn ich mich recht erinnere, mußte ich damals für die Bücher mehr oder weniger mein ganzes erstes Monatsgehalt hinblättern. Aber mir war klar: Wenn ich auch nur ein wenig über Mozart mitreden will, dann muß ich diese sechs Bände ebenso gründlich studieren wie die Heilige Schrift. Es ist wirklich unglaublich, daß wir über eine solche Fülle von Dokumenten verfügen. Das haben wir in erster Linie Leopold Mozart zu verdanken, der von Anfang an alle Briefe aufbewahrt hat. Leider hat Mozart selbst diese typische Archivarmentalität nicht von seinem Vater geerbt. Die an ihn gerichteten Briefe sind fast alle verlorengegangen. Obwohl sie ihren Mann fortwährend mit Post verwöhnte, wenn sie sich zur Kur in Baden aufhielt, besitzen wir nicht einen Brief von Constanze. Auch viele Briefe Mozarts sind verlorengegangen, aber zum Glück sind rund dreihundertfünfzig auf uns gekommen. Mozart konnte erstaunlich gut schreiben, seine Briefe sind lebendig, unterhaltsam, witzig. Er hatte einen präzisen Blick für Details und konnte Menschen erschreckend genau charakterisieren. Die meisten Briefe sind an seinen Vater gerichtet. Sie haben manchmal etwas Scheinheiliges, da er ihm oft nach dem Mund redete. Wenn er seinem Vater schrieb, wollte Mozart immer wieder den Eindruck erwecken, er arbeite noch mehr, als er sowieso schon tat. Während seines Parisaufenthalts deutete er seinem Vater an, er habe in der französischen Hauptstadt noch eine zweite Symphonie komponiert; und das nur, um in der Heimat Eindruck zu machen. Die Folge war, daß allerlei Mozart-Forscher verzweifelte Spekulationen über diese zweite Pariser Symphonie anstellten, die bedauerlicherweise verlorengegangen war.

Aus den gut dreihundertfünfzig Briefen lernt man Mozart ganz hervorragend kennen. Dagegen kommen keine Biographie, kein Theaterstück und kein Film an. Weil wir so viele Briefe und andere Dokumente besitzen, sind all die Biographien sowieso mehr oder weniger überflüssig. Und auf schlechte Theaterstücke und Filme können wir ebensogut verzichten wie auf jene Zahnschmerzen, die Mozart bedauerlicherweise so oft quälten.

Mozart auf der Bühne

Gewiß wird sich manch ein Leser, der mir bis hierhin gefolgt ist, fragen: »Hat er Mozarts Musik damals nur über Schallplatten kennengelernt? Hat er denn nie ein Konzert besucht?«

Das Residentie-Orchester spielte regelmäßig im städtischen Konzertsaal von Leiden, und manchmal traten auch andere Ensembles auf. Doch leider fehlte mir das Geld, diese musikalischen Darbietungen zu besuchen. Bei den Konzerten, die fast immer nach dem bewährten Sandwichschema abliefen – Ouvertüre, Violin- oder Klavierkonzert, Symphonie –, gab es nach dem Teil, in dem der Solist des Abends aufgetreten war, jedesmal eine Pause. Da die Temperatur in dem recht kleinen Konzertsaal durch die vielen auf 37 Grad Celsius eingestellten, aufmerksam lauschenden Öfen beträchtlich anstieg, wurden die Außentüren während der Pause weit geöffnet, um frische Luft ins Innere zu lassen. Viele Konzertbesucher vertraten sich dann auf der Breestraat die Füße, um sich etwas Kühlung zu verschaffen. Wenn man sich mit passendem Jackett und Krawatte unter die nach Frischluft schnappenden Musikbegeisterten mischte, konnte man unbemerkt in den Saal gelangen. Nur ein einziges Mal wurde ich von einem Logenschließer erwischt. Doch als er mich aufforderte, den Saal zu verlassen, und dabei meinen betrübten Blick bemerkte, da machte er eine Handbewegung, die mir zu verstehen gab, daß ich trotzdem hineingehen dürfe.

An jenem Abend habe ich zum erstenmal eine meiner Lieblingskompositionen gehört, die *Symphonie Nr. 7* von Dvořák.

In all den Jahren des heimlichen Konzertbesuchs fiel mir auf, daß nach der Pause nie ein Werk von Mozart gespielt wurde. Mozart war ein typischer »Vor-der-Pause-Komponist«. Meistens stand eines der Klavierkonzerte auf dem Programm, hin und wieder einmal ein Violinkonzert und öfter auch eine der Symphonien. Dann wurde nach der Pause einfach noch eine Symphonie gespielt, eines dieser Riesenwerke von Bruckner oder Mahler, oder aber das Residentie-Orchester versuchte, mit *Le Poème de l'extase* von Alexandr Skrjabin die Wände zum Wackeln zu bringen.

Deshalb bekam ich Ende der sechziger Jahre Orchestermusik von Mozart nur selten »live« zu hören. Mozart nach der Pause, das gab es nicht, und auch heute noch scheint er ein typischer »Vor-der-Pause-Komponist« zu sein. Steckt darin ein implizites Werturteil über Mozart, das stark von dem Rang abweicht, der ihm im *New Grove Dictionary* eingeräumt wird, wo es über ihn heißt, er sei »der bedeutendste Komponist in der Geschichte der westlichen Musik«? Bei der Lektüre von Besprechungen solcher Konzerte wird man jedenfalls immer wieder feststellen, daß der Kritiker zuerst über die Aufführung des großen Werkes schreibt. Die Riesensymphonie von Mahler, um die ging es offensichtlich. Mozart hängt in einer solchen Besprechung dann irgendwo hintendran. Anscheinend gelangen wir durch die Musik von Mahler zu tieferen Einsichten als durch die Musik von Wolfgang Amadeus.

Das würde mich nicht weiter kümmern, wenn es sich nicht ganz offenbar so verhielte, daß auch die Dirigenten, obwohl sie immer wieder ihre große Liebe zu ihm bekunden, Mozart bei der Vorbereitung eines solchen Konzerts stiefmütterlich behandeln, während sie Mahler mit aller Sorgfalt und Hingabe einstudieren. Ich habe einmal ein Konzert im Amsterdamer Concertgebouw gehört, bei dem vor der Pause Mozarts *Symphonie Nr. 39* und anschließend eine der Mahler-Symphonien zur Darbietung kam. Die *Symphonie Nr. 39* wurde zwar angemessen gespielt, es gab an der Ausführung kaum etwas zu kritisieren, und doch war ich überhaupt nicht zufrieden. Was ich gehört hatte, war Routine gewesen. Nun ist bei Orchestern, denen es vergönnt ist, im Concertgebouw aufzutreten, selbst die Routine noch große Kunst. Aber dennoch: Wirkliche Inspiration, wirkliche Verbundenheit mit der Musik Mozarts fehlte. Die *Symphonie Es-Dur* wurde nicht mit der heiligen Ehrfurcht gespielt, die Mose vor dem brennenden Dornbusch empfand: »Tritt nicht herzu, zieh deine Schuhe aus von deinen Füßen; denn der Ort, darauf du stehst, ist ein heilig Land!« Diese Gefühle waren offenbar für Mahlers *Neunte* reserviert. Die hatte man mit größtmöglicher Sorgfalt einstudiert.

So liegen die Dinge also allem Anschein nach: Mozart, wie bedeutend auch immer, ist für ein sehr gutes Orchester offenbar nur ein Routinejob, eine Aufwärmübung für das große Werk nach der Pause, dessentwegen – dem maßlosen Applaus nach zu urteilen, der im Anschluß an eine solche Mahler-Symphonie aufbrandet – die Besucher in erster Linie ins Concertgebouw in der Van Baerlestraat gekommen sind.

Nach der Mozart-Symphonie spürte ich nicht die geringste Versuchung, mit Klatschen zu dem lauwarmen

Beifall beizutragen, und während des tosenden Applauses für Mahler bin ich aus dem Saal geflohen. Wie gern hätte ich im übrigen gerade nach den ebenso schroffen wie schmerzensreichen Ergüssen Mahlers, die vor allem im ersten Satz der *Neunten* adäquater als in jeder anderen Symphonie musikalische Gestalt bekommen haben, ein Stück von Mozart gehört. Nach Mahler ist Mozart eine so große Wohltat. Als träte man aus kalten und feuchten Katakomben in den Sonnenschein eines warmen, frühen Apriltags, an dem das helle, frische, junge Grün wie ein Schleier in Bäumen und Sträuchern hängt.

Für gewöhnlich jedoch, so ist mein Eindruck, steht bei diesen Sandwichkonzerten Mozart öfter mit Bruckner als mit Mahler auf dem Programm. Darin steckt eine gewisse Logik. Bruckner war ein typischer Adagiokomponist. In seinem Werk entfaltet sich alles sehr langsam, das Quecksilbrige Mozarts war ihm vollkommen fremd. Umgekehrt muß man sagen, daß Mozart ganz und gar kein Adagiokomponist war (auch wenn er das vielleicht schönste Adagio der Welt komponiert hat, das aus der *Gran Partita*). Bruckner und Mozart als zwei Extreme in der Musik ergänzen einander folglich perfekt.

Trotzdem würde ich, wenn Mozart und Bruckner zusammen auf dem Programm stehen, am liebsten zuerst das Stück von Anton und danach erst das von Wolfgang Amadeus hören. Wenn das Beste zuerst kommt, fällt alles spätere dagegen ab. Nach einem Stück von Mozart hört man nur allzu deutlich, wie hilflos, wie schroff bei Bruckner oft die Übergänge vom ersten zum zweiten (und oft auch zum dritten) Thema, zwischen Exposition, Durchführung und Coda sind, und daß man in seiner Musik eine regelrechte

Blockbildung feststellen kann. Das wird besonders deutlich, wenn man unmittelbar davor wieder einmal erlebt hat, wie natürlich und vollkommen selbstverständlich sich alles bei Mozart entfaltet, so daß man gar nicht bemerkt, daß er in seinen Durchführungen mitunter die merkwürdigsten Kapriolen macht und sich nicht an das ungeschriebene Gesetz hält, welches besagt, daß man das Hauptthema und das zweite Thema in irgendeiner Form variieren, bearbeiten, einander gegenüberstellen muß. Seine Durchführungen sind deshalb auch immer im Nu wieder zu Ende. Meiner Meinung nach mochte er Durchführungen nicht besonders, auch wenn die im ersten Satz von KV 550 ein Wunder ist.

Nicht daß man mich mißversteht: Ich liebe Bruckner sehr, aber mir scheint, daß man ihm keinen Gefallen tut, wenn man ihm Mozart voranstellt. Das ginge höchstens bei der Aufführung seines grandiosen *Streichquintetts*. Das ist ein solch einzigartiges Meisterwerk, daß man davor auch eines der Streichquartette Mozarts spielen könnte. Vielleicht sogar das *Streichquintett Es-Dur* KV 614 oder *D-Dur* KV 593 oder aber auch *C-Dur* KV 515; allerdings nicht das *Streichquintett g-Moll* KV 516, denn das stellt nun mal auch in Mozarts Werk eine Klasse für sich dar.

Mozart duldet, anders als der eifersüchtige, kleinliche, fremdelnde Gott des Alten Testaments, durchaus auch andere Götter neben sich, aber in meinen Augen ist es ein Fehler, ihn immer nur vor der Pause aufs Programm zu setzen. Warum sollte man ein Konzert, statt mit der egozentrischen, sich behaglich im Selbstmitleid windenden, neurotischen Musik Mahlers, nicht mit dem Besten abschließen, das wir haben?

Zum Glück gibt es einen Ort, an dem Mozart einzig aus Programmgründen niemanden neben sich dulden muß: die Oper. Dort hat er den ganzen Abend für sich allein, und dort erlebe ich immer wieder die ultimative Mozart-Erfahrung, denn in seinen späteren Opern offenbart er immer, wie Höweler sagt, »sein tiefstes Wesen«. In seinem Buch *Keurtroepen van Euterpe* behauptet Vestdijk: »Daß Mozart von vielen hauptsächlich für einen Opernkomponisten gehalten wird, bedeutet nicht, daß er in der Oper auf die allerhöchsten Gipfel steigt, nachdem er sich in den meist vortrefflichen Ouvertüren für diesen Aufstieg angesielt hat.« In einem später entstandenen Aufsatz fällt sein Urteil noch härter aus. Dort sagt er über Mozarts Opern: »Vor diesen talentvollen Produkten der Ehrsucht und des Fleißes liegen mir zu viele Hohlköpfe auf den Knien, die alles schön finden, wenn ›man‹ es schön findet.«

Ich gehöre dann wohl auch zu diesen Hohlköpfen, denn ich liege vor Mozarts Opern tatsächlich auf den Knien. Zum Glück wird im Opernhaus während der Aufführung das Licht gelöscht, so daß man den ganzen Abend im Dunkeln sitzt und nicht durch den Anblick der Menschen, die um einen herum sitzen, abgelenkt wird. Außerdem kann man, und das passiert mir bei Mozart-Opern immer, im Dunkeln ungeniert durch einen Tränenschleier hindurch auf die Bühne schauen, wo – anders als bei Wagner, in dessen Werken sich die Szene manchmal zwanzig Minuten lang nicht verändert – immer alles mögliche passiert.

Thomas Mann schreibt über Wagner: »Was ich ihm als Genießender und Lernender verdanke, kann ich nie vergessen, nie die Stunden tiefen, einsamen Glückes inmitten der

Theatermenge, Stunden voll von Schauern und Wonnen der Nerven und des Intellekts, von Einblicken in rührende und große Bedeutsamkeiten, wie eben nur diese Kunst sie gewährt.« Darin kann ich Thomas Mann beipflichten, allerdings mit dem Namen Mozart anstelle des Namens Wagner. Meine erste Mozart-Oper war *Die Entführung aus dem Serail* im Circustheater in Scheveningen. Ein paar Stunden voll von Schauern und – vor allem – Wonnen. Danach habe ich, ebenfalls im Circustheater, *Idomeneo* gehört und gesehen, und das auch noch mit Elly Ameling in einer Hauptrolle. *Idomeneo*, das wurde mir damals klar, ist ein grandioses Meisterwerk, in dem sich bereits alle späteren Opern abzeichnen. Und am selben Ort erwies sich meine erste Aufführung von *Le nozze di Figaro* als eine überwältigende, auch später nie wieder übertroffene Erfahrung, auch wenn die Inszenierung der *Zauberflöte*, die ich in einem alten Theater in Wiesbaden gesehen habe, mir einen Genuß verschafft hat wie nur selten eine Oper eines anderen Komponisten. Sogar die bereits zu Lebzeiten Mozarts zu Unrecht verschmähte Oper *La clemenza di Tito* ist, wenn sie gut gespielt wird, eine phantastische Erfahrung; der *Don Giovanni* und *Così fan tutte* bereiteten mir, ich möchte fast sagen: natürlich, ebenfalls »Stunden voll von Schauern und Wonnen«.

Vestdijk war nicht recht bei Trost. Die Opern bilden den Kern, das Rückgrat von Mozarts Werk. Seine acht einmaligen Meisterwerke stellen sehr wohl den höchsten Gipfel seines künstlerischen Schaffens dar, und selbst in den frühen Bühnenwerken findet man überall Momente, in denen der spätere Mozart bereits zu hören ist, besonders in *La finta giardiniera*. Was das Lied bei Schubert, die Kantate bei Bach und die Symphonie bei Beethoven ist, das ist die Oper bei Mozart.

Man könnte höchstens sagen, um der törichten Auffassung Vestdijks entgegenzukommen und gleichzeitig ganz nebenbei auch die Bemerkung Höwelers, in seinen Opern spreche Mozart sein tiefstes Wesen aus, zu relativieren, daß Mozart in seinen Opern weniger sein tiefstes Wesen als vielmehr das seiner Figuren vor uns offenlegt, und zwar vor allem das der Gräfin aus der *Hochzeit des Figaro*. Ihr Innerstes hat Mozart tiefer ausgelotet als das aller anderen Figuren in seinem Œuvre; auch wenn Donna Elvira ihr in dieser Hinsicht kaum nachsteht und Mozart es gelegentlich sogar versteht, eine Figur wie etwa Barbarina in einer kurzen Arie umfassend zu charakterisieren. Und gerade weil er das so unglaublich gut beherrscht, kann seine Musik per definitionem nicht autobiographisch sein, und sie offenbart uns demnach auch nicht das tiefste Wesen des Komponisten. Ebensowenig wie die Musik von *Carmen* das tiefste Wesen Georges Bizets vor uns offenlegt. Sie offenbart uns das tiefste Wesen von Don José und natürlich das von Carmen, wenn sie voller Verzweiflung mit ihren Karten beschäftigt ist.

Nun stellt sich die Frage: Wo offenbart Mozart uns denn sein tiefstes Wesen? Die Antwort darauf kann nur lauten: in seiner Kammermusik. Zum Beispiel in den zehn Streichquartetten aus seinen reifen Jahren, die »als Ganzes betrachtet vielleicht das Beste sind, was er je geschrieben hat«, wie Vestdijk meint. Worauf ich dann erwidern würde: Und was ist mit den vier großen Streichquintetten? Und mit den beiden nicht genug zu rühmenden Klavierquartetten? Vielleicht offenbart uns Mozart sein tiefstes Wesen in dem *Divertimento Es-Dur für Violine, Viola und Violoncello*

KV 563. Komponiert wurde es im September 1788. Während des Sommers hatte Mozart seine drei großen Symphonien geschrieben. Es ging ihm schlecht, er hatte Geldsorgen und mußte bei einem Logenbruder um Geld betteln. Mit Hilfe von nur drei Streichern läßt er uns einen Blick in sein Inneres werfen. Im Jahr zuvor, am 28. Mai 1787, war sein Vater gestorben, und eigentlich ging es mit Mozart seit diesem Tag immer nur bergab. (»Seit 1787 hatte Mozart jede Anstrengung unternommen und jede mögliche Strategie angewendet, um die sich abzeichnende Krise in seinen Geschäften abzuwenden«, schreibt Maynard Solomon in seinem Mozart-Buch.) Wolfgang Amadeus war einunddreißig Jahre alt, als sein Vater starb, ich war neunundzwanzig beim Tod meines Vaters, also in etwa gleich alt. Der Tod meines Vaters war die tiefgreifendste Erfahrung meines Lebens. Für Mozart wird das, zumal sein Vater außerdem noch sein Lehrmeister war, nicht anders gewesen sein. Was den Tod des Vaters bei jedem Menschen zu einem so tiefgreifenden Erlebnis macht, ist die Tatsache, daß man – wechselseitig – nichts mehr gutmachen, nichts mehr verzeihen kann. Offene Rechnungen können nicht mehr beglichen werden. Nachdem sein Vater gestorben war, hat Mozart noch einen großen Triumph erlebt: die Premiere des *Don Giovanni* in Prag. Doch gerade die Oper, in der die Vaterfigur, der Komtur, den Sohn, hier Don Giovanni, in die Hölle schickt, ohne ihm zu verzeihen, sagte gleichsam voraus, wie es Mozart selbst ergehen würde. Er fuhr übrigens nicht unerwartet und plötzlich hinab in die Hölle, sondern sein Abstieg vollzog sich Schritt für Schritt – Kredite, Bettelbriefe, Krankheit, sinkende Popularität, fehlgeschlagene Versuche, Streichquintette per Subskription zu verkaufen.

In diesen schwarzen Tagen komponierte er das *Divertimento Es-Dur*. Es hat etwas zu bedeuten, daß er einem solchen Werk, in dem uns ein derart erschütterndes Bild seines tiefsten Inneren dargeboten wird, die Form eines vielsätzigen Divertimentos gibt. Er hält immer noch den Schein aufrecht, daß alles nicht so schlimm sei; und tief unglücklich war er auch nicht, so trostlos sich manche Passagen in dem früher entstandenen *Streichquintett g-Moll* KV 516 auch anhören mögen.

Warum er dieses *Divertimento* komponiert hat, wissen wir nicht. War es für seinen Logenbruder Puchberg bestimmt, von dem er sich Geld lieh, um damit andere Schulden zu bezahlen? Müssen wir es als ein musikalisches Äquivalent zu den immer größere Bestürzung hervorrufenden Briefen an Puchberg betrachten? Wie unaussprechlich traurig ist es, daß ein solch unglaubliches Genie die letzten vier Jahre seines Lebens – es waren die einzigen Jahre ohne Vater – derart von der Hand in den Mund leben mußte, auch wenn es ihm schließlich 1791 wieder ein wenig besser ging.

So viel steht aber fest: Sein tiefstes Wesen offenbart Mozart in der Kammermusik seiner letzten Jahre, im herrlichen *»Hoffmeister«-Quartett* KV 499 mit dem wunderschönen Menuett, im *Quintett C-Dur* KV 515, seinem ersten großen Streichquintett (nach dem Jugendwerk KV 174), und vor allem im *Streichquintett g-Moll* KV 516, das den Höhepunkt seiner gesamten Kammermusik darstellt; außerdem noch im *Quintett D-Dur* KV 593, von dem man laut Vestdijk »die Passage mit den Pizzikati im Cello zu Beginn der zweiten Hälfte des Adagio niemals vergißt. Vielstimmigkeit und Harmonie sind hier nicht nur vollkommen – das ist bei Mozart nichts Besonderes –, sondern sie erschließen auch eine vollkommen neue, nie dagewesene musikalische Dimension«.

Postludium

Das erste Werk Mozarts, das ich – den »Türkischen Marsch« nicht mitgerechnet – »live« gehört habe, war das *Streichquintett g-Moll* KV 516. Während eines Englandurlaubs besuchte ich zusammen mit Eduard Bomhoff ein Konzert, das in der Aula einer Schule gegeben wurde. Zwei Stunden waren wir mit der U-Bahn unterwegs, um dorthin zu kommen. Vor der Pause wurde Schuberts *Streichquartett d-Moll »Der Tod und das Mädchen«* aufgeführt. Nach der Pause folgte das *Streichquintett* von Mozart. Es spielte das Allegri Quartet, das im zweiten Teil durch den Bratschisten Cecil Aronowitz verstärkt wurde. Nach dem überwältigenden Eindruck, den Schuberts Werk bei mir hinterlassen hatte, war Mozart, mir jedenfalls, zu hoch. Ich konnte seine Musik damals noch nicht begreifen. Das Werk entstand im Mai 1787. In diesem Monat starb auch Leopold Mozart. Wahrscheinlich war das Stück bereits vollendet, als die Todesnachricht Mozart erreichte. Fühlte er den Tod seines Vaters kommen? Oder ist es Zufall, daß er sein ergreifendstes Werk genau zu diesem Zeitpunkt komponierte?

Über dieses *Streichquintett* schrieb Eduard van Beinum in der Mozart-Ausgabe der Zeitschrift *Mens en Melodie* vom Dezember 1955: »Mozart ist für mich mit einem zutiefst empfundenen Moment musikalischen Erlebens verbunden. Ich erlebte diesen Moment nicht als Dirigent, sondern als Kammermusiker. Im bitterkalten Kriegswinter des Jahres 1945 traf ich mich mit einigen Freunden zum Musizieren. Das *Streichquintett g-Moll* wurde auf die Notenständer gelegt, und ich übernahm die zweite Bratsche. Ich hatte das Stück noch nie gespielt und zufällig auch noch nie gehört. Während ich es spielte, wurde es mir zur Offenbarung. Die Gefühle, die mich dabei erfüllten, kann ich unmöglich beschreiben, aber ich weiß, daß mich diese Erfahrung seitdem nicht mehr losgelassen hat. Nachdem ich ein Vierteljahrhundert lang als Dirigent Werke von allen möglichen Komponisten aufgeführt hatte, war mir, als erlebte ich meine erste Berührung mit der Musik. Mit einer Musik, die zugleich kraftvoll, heftig und sanft ist, von einer männlichen Sanftheit; ernst und heiter zugleich, menschlich bis in die Tiefen der Seele, dabei aber erfüllt von einer Weisheit, die alles Menschliche übersteigt. Während ich dies Quintett spielte, war mir, als würde in meinem musikalischen Wesen eine neue Quelle angestochen. Und noch heute habe ich oft das Gefühl, als habe alles, was ich seitdem als Musiker getan habe, seinen Ursprung in diesem Moment.«

Mozart, das jüngste Kind

Mozarts Mutter, Anna Maria Pertl, brachte zwischen 1748 und 1756 sieben Kinder zur Welt, vier Mädchen und drei Jungen. Nur zwei davon überlebten, die Tochter Maria Anna, genannt Nannerl, die am 10. Juni 1751 zur Welt kam, und der Sohn Wolfgang Amadeus, der am 27. Januar 1756 geboren wurde. Mozart war also das letzte von sieben Kindern, die im Laufe von acht Jahren geboren wurden. Für die Mutter muß das eine schwere Belastung gewesen sein. Ihr Geburtsdatum ist offenbar nicht bekannt, doch getauft wurde sie am 25. Dezember 1720; bei Mozarts Geburt war sie also fünfunddreißig Jahre alt.

Es gäbe keinen Grund, hierauf so ausführlich einzugehen, wenn wir nicht erstaunlich oft auf die merkwürdige Tatsache stießen, daß es sich bei Komponisten um Nachkömmlinge oder Spätgeborene in einer großen Geschwisterschar handelt. Johann Sebastian Bach war das jüngste von acht Kindern. Seine Mutter war bereits einundvierzig Jahre alt, als er geboren wurde.

Franz Schubert war das zwölfte Kind von Franz Schubert senior und Elisabeth Vietz. Nach ihm wurden noch zwei weitere Kinder geboren. Von den insgesamt vierzehn Kindern erreichten fünf das Erwachsenenalter. Von diesen fünf Kindern war Schubert das vierte. Wann Schuberts Mutter geboren wurde, wissen wir nicht. Wenn sie Anfang Zwanzig war, als sie Franz Schubert senior heiratete, dann war sie bei Schuberts Geburt 1797 etwa Mitte Dreißig.

Robert Schumann war als fünftes Kind der Benjamin der Familie. Wie alt seine Mutter bei seiner Geburt war, habe ich nicht herausfinden können, aber sehr jung wird sie nicht mehr gewesen sein.

Richard Wagners Mutter war fünfunddreißig Jahre alt, als ihr Sohn am 22. Mai 1813 im jüdischen Viertel Leipzigs zur Welt kam. Er war das neunte und letzte Kind von Friedrich Wagner, der im November 1813 starb. Wagners Mutter Johanna heiratete danach Ludwig Geyer, und 1815 gebar sie noch eine Tochter. Cäcilie war also eine Halbschwester Wagners. Sie überlebte ihn um zehn Jahre, und noch in hohem Alter diktierte sie ihre Erinnerungen an ihren Lieblingsbruder.

Der einzige Komponist, den Liechtenstein hervorgebracht hat, Joseph von Rheinberger, geboren am 17. März 1839, war der Jüngste der Familie. Er hatte vier ältere Schwestern und zwei Brüder. Aus einer früheren Ehe hatte sein Vater noch einen Sohn und eine Tochter, so daß er das neunte (und letzte) Kind von Rheinberger senior war.

Die Mutter Jules Massenets, Éléonore-Adélaïde Royer, war dreiunddreißig Jahre alt, als der Komponist am 12. Mai 1842 geboren wurde. Er war das vierte und letzte Kind aus der zweiten Ehe von Alexis Massenet. Ob der im Jahr 1788 geborene Alexis Massenet auch aus seiner ersten Ehe Kinder hatte, habe ich nicht in Erfahrung bringen können, aber unwahrscheinlich ist es nicht. Wie dem auch sei: Massenet war wie Bach, Mozart, Schumann und Rheinberger der Jüngste zu Hause.

Das gleiche gilt auch für Gabriel Fauré. Seine Mutter war sechsunddreißig Jahre alt, als er am 12. Mai 1845 zur Welt kam. Er war das jüngste von sechs Kindern und offenbar nicht gerade ein Wunschkind. Die ersten vier Jahre seines Lebens verbrachte er bei einer Amme in Vernoille.

Ein Jahr vor Fauré wurde der ultimative Nachkömmling der Musikgeschichte geboren, Nikolai Andrejewitsch Rimski-Korsakow. Sein Vater, der bereits einmal verheiratet gewesen war, ehelichte 1821 eine achtzehn Jahre jüngere Frau. Das Paar bekam 1822 einen Sohn, Woin. Zweiundzwanzig Jahre später, der Vater inzwischen sechzig und die Mutter zweiundvierzig Jahre alt, wurde noch ein zweiter und letzter Sohn geboren.

Leoš Janáček war zu Hause nicht das jüngste Kind, aber, 1854 geboren, das zehnte von insgesamt vierzehn. Auch seine Mutter war bei seiner Geburt bereits etwa Mitte Dreißig.

Ralph Vaughan Williams, geboren am 12. Oktober 1872, war das jüngste Kind von dreien.

Der einzige namhafte Komponist aus Venezuela, Reynaldo Hahn (geboren am 9. August 1875), war der »Benjamin unter seinen Brüdern und Schwestern«, wie sein Biograph Bernard Gavoty berichtet. Er war das zwölfte Kind von Carlos und Elena Hahn. Leider erwähnt Gavoty nicht, wie alt die spanische Mutter bei der Geburt war, doch besonders jung wird sie nach den elf anderen Geburten nicht gewesen sein.

Nikolai Medtner, geboren am 24. Dezember 1879 (nach julianischem Kalender, nach gregorianischem Kalender am 5. Januar 1880) war das fünfte von insgesamt sechs Kindern. Doch weil sein jüngerer Bruder Wladimir »in früher Kindheit starb«, wie Medtners Biograph Barry Martyn zu berichten weiß, »war er in der für äußere Eindrücke so empfänglichen Jugendzeit der Jüngste in der Familie«.

Selbst in den Niederlanden haben wir einen Komponisten, der das jüngste von vier Kindern war. Ich spreche von Jan van Gilse, der am 11. Mai 1881 geboren wurde. Seine Mutter war schon achtunddreißig Jahre alt, als der Schöpfer der wunderschönen *Gitanjali-Lieder* zur Welt kam.

Apropos niederländische Komponisten: In einem Buch von Jacqueline Oskamp, das der Frage nachgeht, ob es so etwas wie niederländische Musik gibt, und das elf Porträts von niederländischen Komponisten beinhaltet, lesen wir über den Komponisten und Organisten Hendrik Franciscus Andriessen (1892–1981) und seinen Sohn Louis (geboren 1939), der ebenfalls Komponist wurde: »Es hat nie eine Entfremdung zwischen Vater und Sohn Andriessen stattgefunden. Louis Andriessen erklärt dies mit der Tatsache, daß er ein Nachkömmling war.«

Als Bohuslav Martinů am 8. Dezember 1890 geboren wurde, war seine Mutter, Karolina Klimes, fünfunddreißig Jahre alt. Bohuslav war ihr sechstes Kind und das fünfte seines Vaters Ferdinand. Vor ihrer Ehe mit Ferdinand hatte die Mutter ein uneheliches Kind zur Welt gebracht, das den Namen Karel erhielt. Von den fünf anderen Kindern starben zwei noch vor Bohuslavs Geburt. Er war also das jüngste von sechs Kindern.

Bei Sergei Prokofjew, der (nach gregorianischem Kalender) am 23. April 1891 geboren wurde, stoßen wir auf ein interessantes Problem. Er war das dritte und letzte Kind von Sergei und Marija Prokofjew, doch weil seine beiden älteren Schwestern bereits gestorben waren, war er eigentlich ein Einzelkind. Seine Mutter zählte vierunddreißig Jahre, als Sergei junior geboren wurde, und weil die beiden Mädchen so jung gestorben waren, wurde der junge Prokofjew mit der zärtlichsten Fürsorge umhegt.

Das gleiche galt auch für Ernest Chausson. Auch er war das dritte und letzte Kind seiner Eltern, und auch seine beiden älteren Geschwister waren bereits gestorben, als er geboren wurde. »Da die ersten beiden Kinder gestorben waren, ließen die Eltern Ernest außergewöhnliche Fürsorge angedeihen«, schreibt sein Biograph Ralph Scott Grover.

Auch der am 25. November 1896 geborene amerikanische Komponist Virgil Thomson war das jüngste von drei Kindern. Als er geboren wurde, war seine Mutter einunddreißig Jahre alt.

Die Mutter von Aaron Copland war bei dessen Geburt am 14. November 1900 sogar schon einundvierzig Jahre alt. Aaron war das jüngste von fünf Kindern.

Wie alt Erich Wolfgang Korngolds Mutter bei der Geburt ihres jüngsten Sohnes war, berichten die Biographen nicht. In Jessica Duchens Biographie des Komponisten ist zu lesen, daß seine Eltern 1888 heirateten und ihr erster Sohn Hans 1891 zur Welt kam. Der Nachkömmling Erich Wolfgang wurde sechs Jahre später geboren. In Brendan G. Carrolls Biographie steht aber, daß Korngolds Eltern 1891 geheiratet haben und daß ihr Sohn Hanns (jetzt mit Doppel-n) 1892 zur Welt kam und Sohn Erich 1897. Wie dem auch sei, Erich Wolfgang Korngold war ein typischer Nachkömmling, denn er war mindestens fünf Jahre jünger als sein älterer Bruder, der sich, in drei Ehen von einer Frau zur anderen wechselnd, als arbeitsscheuer Schmarotzer entpuppte.

Gerald Finzis Mutter war fünfunddreißig oder sechsunddreißig Jahre alt bei dessen Geburt am 14. Juli 1901. Wie

Copland war er das jüngste von fünf Kindern, und von ihm wird berichtet, er sei »ein unerwünschter Zuwachs [...] in einem aus den Nähten platzenden Kinderzimmer gewesen, der von seinen Brüdern und Schwestern alles andere als herzlich begrüßt wurde«.

Auch der 1908 in Belfast zur Welt gekommene Komponist Howard Ferguson hatte vier ältere Geschwister und war das jüngste Kind der Familie.

Benjamin Britten, geboren am 22. November 1913, war das vierte und letzte Kind von Robert und Edith Britten. Seine älteste Schwester Barbara kam bereits 1902 zur Welt, so daß seine Mutter sicher Anfang bis Mitte Dreißig war, als sie ihren jüngsten Sohn gebar. Er ist der einzige Benjamin in dieser langen Reihe, der tatsächlich auch Benjamin heißt.

Michael Tippett und Lili Boulanger waren ebenfalls die Jüngsten in der Familie, doch in diesen Fällen haben wir es bereits mit modernen Familien zu tun, denn beide Elternpaare hatten ebenso nur zwei Kinder wie die Eltern des Komponisten, der das wunderschöne Duett »I have a song to sing, oh!« aus *The Yeomen of the Guard* schuf. Auch Arthur Sullivan, ein viel größerer Komponist, als manch einer glaubt, war das jüngere Kind von zweien.

Hat all das etwas zu bedeuten? Können wir aus diesen Tatsachen eine Schlußfolgerung ziehen? Werden Komponisten vor allem aus der Schar der (oft unerwünschten) Nachkömmlinge rekrutiert? Aber Louis Spohr war das älteste von sechs Kindern. Auch Beethoven hatte keine jüngeren Geschwister, weil das Kind, das seine Mutter Magdalena in sehr jungen Jahren zur Welt gebracht hatte, bereits verstorben war, als sie Beethovens Vater heiratete. Dvořák war, um das Ganze einmal umzudrehen, das älteste von neun Kindern und Mahler gar das zweite von vierzehn. Es ist also kein Gesetz, daß Komponisten immer die jüngsten Kinder sind, und doch hätte es, wenn man bereits im 17. Jahrhundert die Säuglingssterblichkeit besser hätte bekämpfen und erfolgreich Geburtenregelung praktizieren können, die allergrößten Komponisten vermutlich nicht gegeben. Auffällig ist es auf jeden Fall, daß nur wenige Komponisten das älteste Kind ihrer Eltern waren. Auch Carl Maria von Weber war das jüngste von vier Kindern. Er hatte drei ältere Halbbrüder, und das Kind, das nach ihm zur Welt kam, starb, so daß er der Benjamin der Familie war. Ein anderer Carl, Carl Nielsen, war das siebte von zwölf Kindern, Purcell das vierte von sechs, Hugo Wolf das vierte von acht, Elgar war, ebenso wie Grieg, das vierte von fünf Kindern und Strawinsky das dritte von vieren. Haydn, Mendelssohn, Chopin, Brahms, Sibelius, Kodály und Schostakowitsch – »bien entonnés de se trouver ensemble« – hatten alle, wie Mozart, eine ältere Schwester.

Ich denke, es wäre der Mühe wert, einmal mit mathematisch-statistischen Methoden zu berechnen, ob es purer Zufall ist, daß so viele Komponisten, und zudem noch die bedeutendsten, Kinder älterer Mütter waren und als typische, oft unerwünschte Nachzügler geboren wurden. Ob Mozart unerwünscht war, wissen wir nicht, aber daß er, wie so viele andere Komponisten, allen voran Bach, ein typischer Nachzügler war, ist sicher. In dieser Hinsicht unterscheidet er sich nicht sehr von seinen Kollegen.

Postludium

Wie merkwürdig, daß sich, was Kinder angeht, in der Ehe von Wolfgang und Constanze fast das gleiche Muster wiederfindet wie bei Mozarts Eltern. Mozarts Mutter hatte sieben Kinder zur Welt gebracht, von denen zwei am Leben geblieben waren; Constanze bekam sechs Kinder, von denen ebenfalls nur zwei überlebten. Mozarts erster Sohn Karl, der 1782 zur Welt kam, machte 1797 eine Ausbildung zum Kaufmann. Aber er war auch als Komponist tätig, ebenso wie seine Tante Nannerl, doch er beendete sein Leben als Beamter.

Mozarts Nachkömmling Franz, geboren im Juli 1791, wurde Musiker. Er studierte bei Hummel und Salieri, und bereits im Alter von elf Jahren veröffentlichte er ein Klavierquintett. Er hat ein recht großes Œuvre geschaffen, aber ihm fehlte leider die Genialität seines Vaters. Auch er starb recht jung im Jahr 1844.

Ein kleiner großer Mann

Mozart war klein. Wir wissen nicht, wie klein er war, denn niemand hat sich die Mühe gemacht, uns genau zu berichten, auf wieviel Fuß und Zoll er Mozart schätzte, ganz zu schweigen davon, daß jemand nachgemessen hätte. Schon als er noch ein Kind war, fiel seine geringe Größe ins Auge. Goethe, damals vierzehn Jahre alt, besuchte eines der Konzerte, welche die Mozarts im August 1763 in Frankfurt gaben. Noch im hohen Alter erinnerte er sich an das Bürschlein mit dem Zierdegen.

Aufgrund seiner kleinen Statur konnte er bei seinen ersten Konzerten, die er als Kind gab, gerade mal eine Quint greifen. Auch später, als er schon fast elf war, war er immer noch nicht in der Lage, eine Oktave zu greifen, wie der Benediktinerpater Beda Hübner in seinem Tagebuch berichtet. Nach der Rückkehr von der großen Reise, welche die Familie Mozart 1763 angetreten hatte – Deutschland, Paris, London, die Niederlande, wieder Paris, wieder Deutschland (München) – und die 1766 endete, zeigte sich, daß Wolfgang kaum gewachsen war. Und das, obwohl 1763 bereits auffiel, wie klein er war. Als er im Jahr 1767 elf Jahre alt wurde, muß er folglich für sein Alter ungewöhnlich klein gewesen sein.

Störte es ihn, daß er so klein war? Bedrückte es ihn? Wahrscheinlich schon. Zusammen mit seinem Vater begab er sich 1769 auf eine Reise nach Italien. Im April 1770 kamen sie in Rom an. In Rom eilten Vater und Sohn in den Petersdom. Dort habe er, so berichtet Mozart in einem Postskriptum zu einem Brief seines Vaters an die daheimgebliebene Mutter und Schwester, »die ehr gehabt den hl: petrus seinen fus zu sanct pietra zu küssen, und weil ich das unglück habe so klein zu seyn, so hat man mich als den nehmlichen alten fechsen Wolfgang Mozart hinauf gehebt«. Er war damals vierzehn Jahre alt und dennoch nicht groß genug, die Füße der Statue des heiligen Petrus zu küssen. Da kann man sich vorstellen, wie unglaublich klein er gewesen sein muß. Und möglicherweise ist er danach auch nicht mehr viel gewachsen.

Auch der Sänger Michael Kelly, der die Partien des Basilio und des Don Curzio in der Uraufführung von *Le nozze di Figaro* sang, sagt über Mozart: »Er war ein auffallend kleiner Mann, sehr schmal und blaß, mit einer Überfülle feinen blonden Haares, auf das er sehr stolz war.« Bedauerlich ist natürlich, daß Kelly, der seine Erinnerungen 1826 zu Papier brachte, uns nicht genauer darüber informiert, wie groß Mozart war. Wie klein war »außergewöhnlich klein«? Kleiner als ein Meter fünfzig? Im Sommer 1785 besuchte ihn der Brite John Pettinger. Der notierte später: »Als er sich erhob, war ich überrascht, in ihm einen Mann zu erblicken, der nicht größer als fünf Fuß und vier Inches und von sehr schmächtiger Statur war.« Der englische Fuß mißt 0,3048 Meter, der englische Inch ist 25,4 Millimeter lang. Wenn Pettinger die Größe Mozarts korrekt geschätzt hat, dann war er einen Meter zweiundsechzig groß.

Es gibt auch eine Komposition, aus der man schließen kann, daß es Mozart durchaus etwas ausmachte, daß er so klein war: das Lied *Verdankt sei es dem Glanz der Großen*

KV 392. Wann das Lied genau komponiert wurde, weiß man nicht. Jahn ist der Ansicht, daß es noch in Salzburg oder 1782 im ersten Wiener Jahr entstanden ist. Wyzewa und Saint-Foix sind, ebenso wie Einstein, der Meinung, Mozart habe es zwischen Januar und August 1780 in Salzburg geschrieben. Neueren Forschungen zufolge haben letztere recht. Der Liedtext, der von Johann Timotheus Hermes stammt, ist wenig beeindruckend. Hermes führt seinen Lesern vor Augen, daß wir dank des Glanzes der »Großen« unsere eigene Kleinheit besser erkennen, daß es aber auch keinen Grund gibt, darüber traurig zu sein. Der Text handelt also nicht von Körpergröße, sondern von großen Geistern auf der einen Seite und unbedeutenden, einfachen Menschen auf der anderen. Was Mozart bei dem Text angesprochen hat, der so wenig mit ihm zu tun hatte, ist mir nicht recht deutlich, und ein überragendes Lied ist *Verdankt sei es dem Glanz der Großen* auch nicht geworden. Die einzige Erklärung, die ich finden kann, verbirgt sich in den letzten beiden Zeilen der dritten Strophe, die wie folgt lauten: »Und präge mir sanfttröstend ein, / Es sei nicht Schande, klein zu sein.« Zwar handeln auch sie nicht von »klein« im buchstäblichen Sinne des Wortes, und es geht hier nicht um Körpergröße, aber man kann sich sehr gut vorstellen, daß der »außergewöhnlich kleine« Mozart, auch wenn er sehr gut verstand, was Hermes hier meinte, diese Zeilen als Trostformel verstanden und Musik dazu komponiert hat. Andererseits aber schrieb er der Baronin Waldstätten am 2. Oktober 1782 voller Stolz: »Mozart magnus, corpore parvus.«

Offenbar bedrückte es auch Jesus, daß er klein war. Jemand, der groß ist, kommt nicht auf den Gedanken zu sagen: »Wer ist aber unter euch, der seiner Länge eine Elle zusetzen möge, ob er gleich darum sorget?«

Sehr auffällig ist – und das hätte Mozart trösten können, wenn er es damals bereits gewußt hätte –, daß mehr oder weniger alle großen Komponisten von kleiner Statur waren. Manche waren sogar ausgesprochen klein. Beethoven etwa, der laut Barry Cooper »klein, aber kräftig gebaut« war, wunderte sich darüber, daß ein so winziges Kerlchen wie Carl Maria von Weber eine so wunderbare Oper wie den *Freischütz* hatte komponieren können. Weber muß also wirklich sehr klein gewesen sein. Auch Beethoven war, wie man aus den vielen schönen Zeichnungen, die von ihm gemacht wurden, ersehen kann, ein zwar kräftiger, aber auch gedrungener, kleiner Mann. Je älter er wurde, um so kleiner und gedrungener muß er gewirkt haben. So klein wie Mozart und Weber wird er nicht gewesen sein, aber er war alles andere als eine imposante Gestalt. Leider hat auch niemand aus Beethovens Freundes- und Bekanntenkreis seine genaue Größe festgehalten.

Schuberts Körpergröße kennen wir dagegen genau. Im Aufnahmebogen des Jahres 1818 der Konskription in Wien finden wir folgende Angaben über den »Musikmeister« Schubert: »Messet 4 Schuh, 11 Zoll, 2 Strich«. Er war also nicht einmal 5 Schuh (= 157 cm) groß. Manche Nachschlagewerke geben für den »Schuh« im 19. Jahrhundert, der auch »Wiener Fuß« genannt wird, eine größere Länge an, aber aber auch wenn man diese Maßeinheiten zugrunde legt, bleibt Schuberts Körpergröße unter 159 Zentimeter. Anders ausgedrückt: Er war ein ausgesprochen kleiner Mann. Wegen seiner geringen Körpergröße wurde er nicht zum Militärdienst eingezogen.

Auch Chopin war klein. In seinem Fall sind wir in der glücklichen Lage, zumindest ein Photo von ihm zu besitzen, das aus seinem letzten Lebensjahr 1849 stammt und ihn als leidenden Kranken zeigt (man darf aber nicht vergessen, daß man, wenn man im 19. Jahrhundert photographiert wurde, sehr lange stillsitzen mußte; darum schauen die Menschen auf diesen Photos ernst und grimmig in die Linse). Man kann darauf erkennen, daß wir es hier mit einem kleinen Mann zu tun haben, genau wie auf den wenigen Photos, die es von Schumann gibt.

Brahms war ebenfalls klein. Gustav Jenner beschreibt ihn sehr plastisch in einem Artikel aus dem Jahr 1930. Jenner hatte im Dezember 1887 eine Reise nach Leipzig gemacht und war nachts im Hotel Hauffe angekommen. Auf der Fremdentafel entdeckte er den Eintrag »Johannes Brahms aus Wien«; am nächsten Morgen eilte er in den Frühstücksraum. »Als ich am folgenden Morgen hinunterkam, hatte Brahms bereits gefrühstückt. Behaglich rauchend las er Zeitungen. Fast erschrack ich, als ich ihn sah: denn ich hatte ihn mir – ich weiß nicht warum; vielleicht dachte ich an die Art unserer Landsleute, wie Klaus Groth – hochgewachsen vorgestellt, und so wollte mir erst gar nicht in den Sinn, daß dieser kleine, rundliche Herr dort Brahms sei. Freilich, sein Kopf ließ keine Zweifel aufkommen.«

Tatsächlich sieht man auch auf Photos von Brahms, daß er sehr klein war. Vor allem auf der ergreifenden Aufnahme, die während des Begräbnisses von Clara Schumann gemacht wurde, kann man gut erkennen, wie klein er inmitten der großen Gestalten um ihn herum aussieht.

Der große Wagner ist ein Fall für sich. »Unbegreiflich«, sagt sein Biograph Martin Gregor-Dellin, »daß es sogar über Wagners Körpergröße post mortem zu lang andauernden Meinungsverschiedenheiten kommen konnte, weil einige in Wagner offenbar gern einen Zwerg sehen wollten und andere dies als ein Sakrileg empfanden – darin wiederholt sich der Streit um den sächselnden Schwadroneur. Den irreführenden, voneinander abweichenden Umrechnungen der Größenangaben in Richard Wagners Schweizer Paß – 5 Fuß, 5½ Zoll – ist selbst der Verfasser dieser Biographie 1972 in seiner ›Wagner-Chronik‹ aufgesessen. Dabei ist alles sehr einfach aufzulösen: Der Schweizer Fuß mißt nach dem badischen – der wenige Jahre zuvor als Konkordatsfuß eingeführt worden war – 30 Zentimeter und ist, anders als der sächsische oder preußische, in zehn Zoll statt in zwölf unterteilt. 5 Fuß = 30 cm; 5 Zoll = 15 cm; ½ Zoll = 1,5 cm. Das sind 1 m 66,5 cm. (Die absolut niedrigste aller Größenangaben findet sich bezeichnenderweise bei Robert W. Gutman: 1,53 Meter!)«

In seiner Wagner-Biographie macht Gutman Wagner auf alle nur erdenklichen Weisen so klein wie möglich. Er will ihn gleichsam zerquetschen. Dazu paßt, daß er Wagners Körpergröße am liebsten möglichst gering darstellen will. Oder hat er ihn etwa mit Mozart verwechselt, über den Gutman später eine umfangreiche Biographie schrieb? Mozart war möglicherweise tatsächlich nur 1,53 Meter groß.

Seit der zweiten Hälfte des 19. Jahrhunderts sind wir, vor allem weil wir Photos besitzen, besser über die Körpergröße der bedeutenden Komponisten informiert. Auf diesen Photos kann man erkennen, daß Smetana klein war; Dvořák war noch kleiner. César Franck war ein kleiner Mann mit gewaltigen Koteletten; Debussy war, wie Ravel auch, klein.

Bizet war von kleiner, gedrungener Statur, Chabrier ebenfalls. Imposante Gestalten – im Reich der Musik sucht man sie vergebens. Wer hat nicht die Fernsehbilder von dem kleinen Strawinsky vor Augen? Prokofjew war ein Stück größer, was man vor allem auf den Photos gut sehen kann, auf denen er zusammen mit Strawinsky abgebildet ist.

Auch Mahler war nicht groß, wie man sehr gut auf einem wunderschönen Photo sehen kann, das im März 1906 an der Zuiderzee gemacht wurde. Der niederländische Komponist Alphons Diepenbrock und der Dirigent Willem Mengelberg ragen über Mahler hinaus, obwohl auch Mengelberg nicht besonders groß war. Er war nämlich ebenso groß wie Ottorino Respighi, wie man auf einem Photo sehen kann, das den Komponisten und den Dirigenten zusammen mit dem noch kleineren, noch hagereren Strawinsky zeigt.

Bruckner war recht groß. Das zeigt ein Photo, welches gegen Ende seines Lebens vor der Tür seines Hauses gemacht wurde. Bruckner überragt darauf seine Haushälterin.

Der einzige wirklich große Komponist, möglicherweise sogar der größte Komponist aller Zeiten, war Louis Spohr. Er maß zwei Meter. Seine Erscheinung muß zu einer Zeit, als die meisten kleiner waren als die Menschen heute, großes Erstaunen hervorgerufen haben. Ich glaube, dies ist einer der Gründe dafür, warum man zu Lebzeiten so zu ihm aufschaute. Wo er auch hinkam, schon seine Größe war imposant. Daraus zog man dann sehr rasch den Schluß, daß er auch ein großer Komponist sein müsse. Und das war er auch. Vollkommen zu Unrecht ist er in Vergessenheit geraten. Er hat alle Komponisten des 19. Jahrhunderts, die nach ihm kamen, beeinflußt. Wer sein Werk nicht kennt, kann die Musikgeschichte nicht verstehen.

Postludium

Es existiert kein einziges Porträt Mozarts, auf dem er neben anderen stehend abgebildet wäre, so daß man aus den vorhandenen Bildern keinerlei Schluß auf seine Größe ziehen kann. Es gibt aber ein schönes Gemälde von einer Zusammenkunft von Freimaurern, auf dem man ganz rechts Mozart deutlich erkennen kann. Er sitzt dort in einem prächtigen roten Rock und wirkt nicht kleiner als der Logenbruder neben ihm. Er sieht im übrigen auch sehr vornehm aus.

Es gibt nur wenige gute Porträts des erwachsenen Mozart. Doris Stock hat im April 1789 eine sehr schöne Silberstiftzeichnung angefertigt, und Mozarts Schwager Joseph Lange malte das berühmte unvollendete Porträt, das Mozart am Flügel zeigt. Es entstand etwa zur selben Zeit, 1789 oder 1790. Auf beiden Bildern ist Mozart im Profil zu sehen. Man mag es kaum glauben, aber vor einiger Zeit wurde tatsächlich ein Porträt in der Berliner Gemäldegalerie entdeckt, auf dem Mozart en face dargestellt sein soll. Das Bild von Johann Georg Edlinger soll um 1790 in München entstanden sein.

Als ich im Internet eine Abbildung des Porträts sah, stand für mich mit fast hundertprozentiger Sicherheit fest: Das ist niemand anderes als Mozart. Er sieht gut aus und trägt auch auf diesem Bild elegante Kleidung. (Es ist bekannt, daß er großen Wert auf schöne Kleider legte.)

Gleich nachdem eine deutsche Zeitung das Bild veröffentlicht hatte, riefen mich diverse Journalisten an und fragten: Ist das Mozart? Wenn ja, warum sieht er dann so wohlgenährt aus? Ich entgegnete: Warum sollte er denn nicht wohlgenährt aussehen? Gewiß, er hatte ein paar schlechte Jahre hinter sich, aber er hatte sich stets ohne größere Probleme Geld leihen können und wird schon keinen Hunger gelitten haben. Einen wohlgedeckten Tisch wußte er immer zu schätzen, wie aus den Briefen hervorgeht, die sein Vater während eines Besuchs in Wien an seine Tochter Nannerl schrieb. Und seine Schwiegermutter, die hervorragend kochen konnte, sorgte sehr gut für ihren geliebten Schwiegersohn. Daß der Knopf von Mozarts Rock auf dem Gemälde kaum zugeht, ist, wie ich glaube, keine künstlerische Freiheit, die sich Edlinger genommen hat. Aber man muß sich an diesen Anblick durchaus gewöhnen. Bei Doris Stock sieht Mozart sehr zerbrechlich aus. Das Porträt Edlingers zeigt hingegen einen viel erwachseneren, kräftigeren Mann, der recht gewöhnlich aussieht. Dennoch handelt es sich hier, meiner Meinung nach, mit großer Wahrscheinlichkeit um ein Porträt Mozarts. Nun bleibt uns noch eines zu wünschen übrig: daß auch ein derartiges Porträt von Bach auftaucht.

Mozart und die Tonarten

Wenn ich sonntags zu Hause, nach Musikunterricht schmachtend, Schlager aus der Sonntagsschule spielte, dann tauchte an unserem Fenster in der Patijnestraat früher oder später auch ein hagerer bebrillter Mann namens Niek Koevoet auf, der mir durchs Fenster zurief, ich spiele zwar recht ordentlich, aber meinem Spiel fehle dennoch etwas Wesentliches. Seiner Meinung nach vernachlässigte ich die schwarzen Tasten. Je mehr schwarze Tasten man zu benutzen verstehe, so Niek Koevoet, um so schöner sei der Klang des Dargebotenen. Aber es sei nun einmal nicht jedem gegeben, Psalmen und geistliche Lieder »auf den schwarzen Tasten zu spielen«. Am allerschönsten sei es, wenn man es schaffe, zum Beispiel *Daar ruischt langs de wolken* zu spielen, ohne auch nur eine einzige weiße Taste zu berühren. Der ultimative Sieg am Harmonium bestehe darin, nur mit schwarzen Tasten jeden erdenklichen Psalm und jedes erdenkliche Lied zu spielen. Wenn mir dies gelänge, dann hätte ich es, auch wenn mir nie Unterricht zuteil geworden sei, definitiv geschafft, und ich könnte mich mit den größten Organisten messen.

Also nahm ich mir vor, *Daar ruischt langs de wolken* nur auf den schwarzen Tasten zu spielen. Bei meiner Standardversion hatte ich immer nur eine schwarze Taste benutzt, ein b; das war ein vielversprechender Anfang, aber wie sollte ich dieses Lied ausschließlich mit schwarzen Tasten spielen? Wenn ich damals doch nur mehr Ahnung von den

Tonarten gehabt hätte! Es gelang mir zwar nach recht kurzer Zeit, *Daar ruischt* mit sehr viel mehr schwarzen Tasten als nur dem b zu spielen, aber dennoch mußte ich immer wieder auch weiße Tasten dazunehmen. Ausschließlich mit schwarzen Tasten an den Wolken vorbei zu rauschen, das ist mir nie gelungen.

Wenn Niek Koevoet wieder einmal von Zweifeln über »die einzige und wahrhaftige und vollkommene Lehre der Seligkeit, welche in der kalvinistisch-reformierten Kirche hierselbst gelehrt wird«, befallen wurde, dann fuhr er auf seinem Hollandrad der Marke Fongers nach Briel und stieg dort auf den Turm. Wenn er oben angekommen war und seinen Blick über Oostvoorne schweifen ließ, bannte er den Zweifel. Er riet mir, auch nach Briel zu fahren, um dort »den Zweifel zu bannen«, aber das war damals noch nicht nötig. Später zeigte sich, daß eine solche Fahrt nach Briel samt Besteigung des Turmes von Sankt Catharina in meinem Fall weniger Trost spendete als eine Bach-Kantate. Was hätte Niek Koevoet wohl zu Mozart gesagt? Bei ihm spielen die schwarzen Tasten eine kleinere Rolle als bei allen anderen großen Komponisten. Oder wie Karl Hammer es ausdrückt: »Bekannt ist die Tatsache, daß von Mozart vorwiegend die ›einfachen‹ Tonarten mit wenig Vorzeichen gebraucht werden, daß seine Werke nie mehr als vier ♯ bzw. vier ♭ vorgezeichnet haben.« Das stimmt nicht ganz, denn bereits in KV 8, einer *Sonate für Violine und Klavier*, die der achtjährige Mozart komponierte, finden wir ein Menuett in b-Moll (fünf ♭). Auch der kurze Satz »Viaticum« aus der *Litaniae de venerabili altaris sacramento* KV 125 steht in b-Moll. Das gleiche gilt für das erste Trio im Menuett aus KV 361, das Trio des dritten Divertimentos für drei Bassetthörner KV 439b und die Mollvariation in KV 500. Und sowohl in *La belle Françoise* KV 353 als auch in *Je suis Lindor* KV 354 steht die Mollvariation in es-Moll (sechs ♭). Aber mehr als sechs Kreuze findet man bei Mozart nie, eine Tonart wie Des-Dur und H-Dur gibt es bei ihm nicht, ganz zu schweigen von Ges-Dur oder Fis-Dur. Bei Mozart suchen wir vergebens nach einem Klavierstück in Ges-Dur, wie Schubert eins komponiert hat (*Impromptu* op. 90 Nr. 3), ein Präludium und eine Fuge in Cis-Dur oder Fis-Dur wie Bach hat er nicht geschrieben und auch keinen Mittelsatz in Des-Dur wie in der *Klaviersonate* Hob. XVI,46 von Joseph Haydn; ebensowenig eine Sonate in Fis-Dur, wie sie Beethoven mit seinem Opus 78 vorgelegt hat. Ganz zu schweigen davon, daß er jemals – wie Beethoven – *Zwei Präludien durch alle Dur-Tonarten* (op. 39) komponiert hätte. Woher kommt diese Mozartsche Vernachlässigung aller Tonarten mit mehr als vier ♯ oder ♭? Haydn scheute sich nicht vor mehr als vier Vorzeichen. Nur in seinen Klaviersonaten finden wir bereits zweimal ein Menuett-Trio in es-Moll, einmal ein Trio in b-Moll und in Hob. XVI,36 ein Trio in Cis-Dur. (Sieben Kreuze! Ach, wie gern würde ich die für Herrn Koevoet spielen, doch leider ist er bereits verstorben.) Im fünften *Streichquartett* aus Opus 76 finden wir wohlgemerkt ein Largo in Fis-Dur.

Woher kommt also diese Mozartsche Vernachlässigung – vielleicht muß man ja sogar von Abneigung sprechen – der Tonarten mit vielen Vorzeichen? Bezeichnend ist, daß er bei seiner Bearbeitung der Bachschen Fugen aus dem *Wohltemperierten Klavier* die Fuge in dis-Moll (BWV 853) nach d-Moll transponiert hat, die Fuge in fis-Moll nach g-Moll und die Fuge in Fis-Dur nach F-Dur (KV 404a). Auch die

Fuge in dis-Moll (BWV 877) hat er nach d-Moll transponiert (KV 405). Er wollte die vielen Vorzeichen loswerden. Warum? Praktische Gründe? Aber Streicher – und für die waren die Bach-Bearbeitungen gedacht – schreckten auch damals nicht vor Kompositionen mit vielen Vorzeichen zurück. Sonst hätte Haydn nie ein Largo in Fis-Dur komponieren können.

Mich hat diese Vorzeichenphobie Mozarts immer erstaunt. Seinem Werk fehlt dadurch eine Dimension. Wie hätte bei ihm Des-Dur geklungen? Des-Dur ist eine Tonart, die Komponisten aus irgendeinem Grund zu beflügeln scheint. Es gibt etwa ein beispiellos schönes Klavierstück von Smetana in Des-Dur, *Přívětivá krajina*; eine der schönsten Mazurken Chopins steht ebenfalls in Des-Dur, Nr. 20, op. 30 Nr. 3, wie auch eine seiner besten Nocturnes, op. 27 Nr. 2, und seine *Berceuse*. Die »prachtvolle wärmestrahlende Liebesmelodie Lels und Kupawas«, wie Gilse van der Pals schreibt, aus dem dritten Akt der Oper *Schneeflöckchen* von Rimski-Korsakow steht in Des-Dur. Nach Ansicht von Casper Höweler macht das einfache Thema des Andantes aus der *Appassionata* Beethoven zum Stephanus der Musik: »Siehe, ich sehe den Himmel offen.« Dieses himmlische Andante steht in Des-Dur. Auch bei Mozart gibt es in *La clemenza di Tito* tatsächlich eine kurze Passage in Des-Dur. In dem Moment nämlich, als Titus das Todesurteil des Sextus unterschreiben will, aber mit dem Griffel in der Hand noch einen Moment zögert. Ein Todesurteil in Des – hatte Mozart eine solche Abneigung gegen diese Tonart?

Auch Fis-Dur ist eine Tonart, die aus irgendwelchen Gründen Komponisten zu Höchstleistungen inspiriert hat. Man denke nur an die *Sonate Fis-Dur* op. 78 von Beethoven, die *Barcarolle* von Chopin. Ges-Dur kommt höchst selten vor, weil es enharmonisch dieselbe Tonart wie Fis-Dur ist. Dennoch komponierte Schubert sein drittes *Impromptu* aus Opus 90 in Ges. Weil es in Ges ziemlich schwer zu spielen ist, gibt es auch Bearbeitungen in G-Dur, aber aus irgendeinem Grund klingt das Stück in Ges-Dur sehr viel wärmer als in G. Merkwürdig ist, daß Herr Koevoet eins immer wieder betonte: Je mehr schwarze Tasten, um so strahlender klingt ein Musikstück. Man stelle sich Chopins *Barcarolle* nach F-Dur transponiert vor: Das sublimste Stück aus dem Wunderwerk Chopins würde bestimmt einiges von seinem Glanz verlieren.

Wie dem auch sei, Mozart ist, von einigen Menuett-Trios oder Mollvariationen abgesehen, nie den Versuchungen erlegen, die von Tonarten mit mehr als vier ♯ oder ♭ ausgehen. Die vier b-Moll- und die zwei es-Moll-Kompositionen sind nur entstanden, weil das Stück, das er gerade schrieb, in B-Dur beziehungsweise Es-Dur stand und er kurz in die gleichnamige Molltonart auswich.

Und selbst von den Tonarten mit vier Vorzeichen, As-Dur, f-Moll, E-Dur und cis-Moll, macht er einen so sparsamen Gebrauch, daß ihr Auftauchen garantiert bedeutet: Aufgepaßt, Mozart ist in einer besonderen Gemütsverfassung. Dies gilt vor allem für die Tonarten E-Dur und f-Moll. Das von ihm nur selten benutzte E-Dur assoziierte er aus irgendwelchen Gründen fast immer mit Naturerscheinungen, Sonnenlicht, Wind, Meer wie etwa im Terzett »O selige Wonne! Die glänzende Sonne steigt lieblich empor« aus dem Singspiel *Zaide* oder im Chor »Placido è il mar, andiamo« aus *Idomeneo* oder im Terzettino »Soave sia il vento« aus *Così fan tutte*. Sein einziges wichtiges Instrumentalwerk in E-Dur ist das *Klaviertrio* KV 542, das viele für sein schönstes Klaviertrio halten (insgesamt hat er sieben komponiert, verglichen mit Joseph Haydn, der in diesem Genre glänzte, also auffallend wenig). In diesem *Trio E-Dur* gibt es auch Passagen in der parallelen Molltonart cis-Moll, aber soweit ich weiß, gibt es keine selbständigen Kompositionen Mozarts in dieser Tonart.

F-Moll, die Tonart, in der Haydns tiefsinnigste musikalische Äußerungen komponiert wurden, kommt bei Mozart selten vor. Wenn er nach f-Moll ausweicht, dann herrscht, wie zum Beispiel im *Don Giovanni*, als der Komtur ermordet wird (»Ah, soccorso«), große Verzweiflung. In f-Moll steht die wunderschöne Arie der Barbarina, die ihre Nadel verloren hat; ebenso das schmerzhafte Lied *Die Engel Gottes weinen, wo Liebende sich trennen* KV 519. Auch die beiden ergreifenden Stücke für eine mechanische Orgel KV 594 und KV 608 stehen in f-Moll. Wie aus seinen Briefen hervorgeht, hat Mozart diese Stücke mit großem Widerwillen geschrieben, aber er brauchte unbedingt das Geld, das er für diese Auftragskompositionen bekam. Er hat seinen Widerwillen sublimiert und in großen Schmerz verwandelt. Auf diese Weise sind zwei wunderbare Kompositionen entstanden. In f-Moll steht auch die Arie »Vorrei dir, e cor non ho« des Don Alfonso aus *Così fan tutte*. Es scheint so, als scherze Don Alfonso hier, aber offenbar geht es um mehr als um heiteren Frohsinn, denn sonst hätte Mozart sich nicht für die Tonart f-Moll entschieden.

In As-Dur stehen der langsame Satz aus einer der schönsten Symphonien Mozarts, KV 543, das Andante aus KV 428 und das Adagio aus KV 481. Auch As-Dur ist eine Tonart, die bei ihm höchst selten vorkommt.

Und während Mozart seine bezauberndste Musik oft in A-Dur komponierte, kenne ich nur ein Stück in der parallelen Molltonart fis: den Mittelsatz des *Klavierkonzerts Nr. 23.* Bittere, schmerzhafte, unglaubliche Musik. Wie merkwürdig, daß eine solche Tonart bei Mozart dann nur einmal vorkommt. Ob er möglicherweise davor zurückgeschreckt ist, die Stimmung, die offensichtlich mit dieser Tonart verbunden war, öfter wachzurufen? So viel steht fest: Fast alles, was er in einer Molltonart komponiert hat, gehört zum Besten, was wir von ihm besitzen, die Werke in g-Moll (KV 478, KV 516, KV 550), in d-Moll (KV 397, KV 421, KV 466, das *Münchener Kyrie* KV 31 und das *Requiem*), die Kompositionen in c-Moll (KV 271, KV 388, die unvollendete *Messe* KV 427, KV 491 und noch eine Reihe von anderen Werken), die in a-Moll (KV 310, KV 511), sein einziges großes Werk in e-Moll (KV 304). In h-Moll steht das ergreifende *Adagio für Klavier* KV 540.

Mozart unterscheidet sich von allen anderen großen Komponisten dadurch, daß er die Tonarten mit vielen Vorzeichen ungenutzt ließ. Meines Wissens hat dafür bisher niemand eine schlüssige Erklärung geben können. Mir war dieses Phänomen immer rätselhaft. Gerade er, der alles konnte, hätte doch bei Gelegenheit auch einmal ein Stück in Cis-Dur komponieren können. Sogar Bach komponierte in Cis-Dur, auch wenn ich ihn im Verdacht habe, daß er ein solches Werk erst einmal in C-Dur schrieb, um es dann, weil er nun einmal für sein *Wohltemperiertes Klavier* Stücke in allen Tonarten brauchte, nach Cis-Dur zu transponieren. Aber dennoch: Wie merkwürdig, daß bei Mozart H-Dur, Fis-Dur, gis-Moll und noch ein paar andere Tonarten mit vielen Vorzeichen vollkommen fehlen.

Postludium

Was für die Tonarten gilt, gilt auch für die Takte. Bei Mozart steht fast alles im Vierviertaktakt, im Dreivierteltakt oder im Sechsachteltakt. Auch der Dreiachteltakt kommt recht häufig vor, aber andere Taktarten sucht man nahezu vergebens (einen 3/2-Takt gibt es zum Beispiel nur in der Sarabande aus der *Suite* KV 399). Mir ist kein Stück in einem Neunachteltakt bekannt, und der Zwölfachteltakt, bei Bach immer eine Garantie für sublime Musik (etwa im Eröffnungschor der *Matthäuspassion*), fehlt bei Mozart fast gänzlich. Das »Lacrimosa« aus dem *Requiem* steht im Zwölfachteltakt. Eigenartig, daß dieses mehr oder weniger letzte Werk, an dem er gearbeitet hat, in einem Takt komponiert wurde, den man bei ihm sonst kaum findet! Das gibt zu denken. Sollte der Zwölfachteltakt vielleicht doch von Süßmayr oder einem der anderen Komponisten stammen, die sich mit der Vollendung des *Requiems* beschäftigt haben? Es ist kaum vorstellbar, daß Mozart, der nie etwas im Zwölfachteltakt komponierte, plötzlich, in seinem allerletzten Werk, zu diesem Takt gegriffen haben sollte. Wenn er selbst das *Requiem* vollendet hätte, hätte er das »Lacrimosa« möglicherweise doch in einem anderen Takt komponiert.

Die frühen Werke

In seinem Buch *Ausgerechnet ich* gibt Alfred Brendel eine erstaunliche Erklärung ab, als Martin Meyer ihn auf eine frühere Äußerung hin anspricht. Meyer sagt:

»Sie haben einmal das *Jeunehomme-Konzert* KV 271 als ein Weltwunder bezeichnet, mit dem Mozart die Bühne ganz neu betrete.«

»Allerdings«, erwidert Brendel daraufhin. »Wenn man die Konzerte, die Mozart davor komponiert hat, ohne seinen Namen hören würde, dann würde man wohl kaum vermuten, daß sie von ihm sind. Hier nun geschieht etwas völlig Neues, auch ein unglaublicher Qualitätssprung. Das *Jeunehomme-Konzert* ist Mozarts erstes großes Meisterwerk. Er war damals einundzwanzig, und er war nicht ein Teenage-Genie wie Mendelssohn. Er hatte zwar schon viele erstaunliche Sachen komponiert, die seine spätere Meisterschaft vorbereitet haben, aber mit dem *Jeunehomme-Konzert* beginnt diese Meisterschaft – wenn auch sozusagen verfrüht, denn Mozart mußte noch älter werden, um dieses Niveau wieder aufzunehmen. Ich finde sogar, daß er dieses Stück in späteren Klavierkonzerten nicht übertroffen hat. Es gibt ja manchmal bei den ganz Begabten Leistungen, die gleichsam zu früh da sind.«

Leistungen, die zu früh da sind? Was soll man sich darunter vorstellen? Im Fall von Mendelssohn scheint mir eine solche Bemerkung eher gerechtfertigt als bei Mozart, weil Mendelssohn sein *Oktett für Streicher* op. 20 und seine *Som-*

mernachtstraum-Musik später nie mehr übertroffen hat. Aber selbst wenn: Kam das *Oktett* zu früh? Hätte er denn, wenn er es später geschrieben hätte, andere Meisterwerke von der gleichen Qualität dazukomponiert? Ich glaube, dazu läßt sich nicht Sinnvolles sagen.

Gilt auch für das *Jeunehomme-Konzert*, daß es zu früh kam? War Mozart eigentlich noch nicht reif für ein solches Meisterwerk? Wäre es noch besser geworden, wenn es später entstanden wäre? Hat Brendel recht, wenn er sagt, hier liege ein »unglaublicher Qualitätssprung« vor? Was ist mit KV 183, der »kleinen« *Symphonie g-Moll*? Und was ist dann mit KV 201, diesem Wunderwerk eines Achtzehnjährigen? Oder sind das die erstaunlichen Sachen, von denen Brendel spricht?

In seinem Buch über die *Goldberg-Variationen* behauptet Geert Lernout bereits auf Seite 14: »Erst als Mozart Mitte Zwanzig war, fing er an, seine wichtigen Werke zu schreiben.« Und er wiederholt diese These auf Seite 100: »Mozart fing zwar mit fünf an [zu komponieren], aber seine wirklich wertvollen Werke stammen aus der Zeit nach seinem fünfundzwanzigsten Geburtstag.« Welche wertvollen Werke waren das denn, Herr Lernout? Als Mozart fünfundzwanzig war, hatte er nur noch zehn Jahre zu leben. Mozart wurde am 27. Januar 1781 fünfundzwanzig. An diesem Tag fand die Generalprobe für die Uraufführung des *Idomeneo* in München statt, die *Sinfonia concertante* KV 364 war bereits geschrieben, ebenso die wunderbare *Symphonie C-Dur* KV 338 und das phantastische *Divertimento D-Dur* KV 334. Eines seiner ersten Werke aus dem Jahr 1781 ist das *Oboenquartett* KV 370. Ist das sein erstes »wirklich wertvolles Werk«?

Dieser Geert Lernout hat von Tuten und Blasen keine Ahnung. Er redet einfach was daher. Er schreibt ein ganzes Buch über die *Goldberg-Variationen*, hat aber, wie aus diesem Werk hervorgeht, keinerlei Ahnung von Tonarten.

Das ist bei Brendel natürlich anders. Was soll man also von seiner Ansicht über das *Jeunehomme-Konzert* halten? Ungeachtet meiner großen Wertschätzung für ihn kann ich Brendel in diesem Punkt nicht folgen. Ist zum Beispiel der Qualitätsunterschied zwischen KV 183, KV 201 und KV 219, dem prächtigen *Violinkonzert A-Dur*, wirklich so groß? Das *Jeunehomme-Konzert* ist zweifellos ein großes Wunder, das seine Entstehung der französischen Pianistin Mlle. Jeunehomme verdankt, die während einer Konzertreise auch in Salzburg gastierte. Wir wissen fast nichts über diese Jungfer Jungmann. War sie jung, war sie schön? Hat Mozart, der rasch Feuer und Flamme war, wenn eine junge Frau gut singen oder ein Instrument spielen konnte, sich in sie verliebt? Hat er deswegen dieses einzigartige *Konzert* mit einem so wunderbaren mittleren Satz in c-Moll komponiert? Hat er sie im Jahr darauf, als er mit seiner Mutter in Paris weilte, wiedergesehen? Wir wissen es nicht, obwohl wir doch so viel über Mozart wissen (jedenfalls glauben wir das).

Ich denke, man kann durchaus die Behauptung aufstellen, daß Mozart noch etwas älter werden mußte, um das Niveau des *Jeunehomme-Konzerts* wieder zu erreichen. Er hat zwar sehr bald nach KV 271 sein einmaliges *Divertimento*, KV 287, komponiert, aber darüber hinaus hat er im Jahr 1777 keine weiteren Meisterwerke geschaffen. Die Zeit seiner Reise nach Paris war vielleicht die am wenigsten produktive Phase seines Lebens. Abgesehen von einigen prachtvollen Sonaten für Violine und Klavier (vor allem die

Sonate e-Moll, KV 304), hat er in dieser Zeit kaum etwas Erwähnenswertes geschrieben. Das *Konzert für Flöte und Harfe* ist nur ein schaler Abklatsch des *Jeunehomme-Konzerts*, obwohl auch hier allem Anschein nach eine hübsche junge Dame – die Tochter eines echten Herzogs – im Spiel war. Erst als Mozart aus Paris zurück ist und in Salzburg davon träumt, in Wien seine Flügel auszubreiten, entstehen so herausragende Meisterwerke wie KV 334, KV 338, KV 364, KV 378, das wunderbare Singspiel *Zaide* (KV 344) sowie die ebenso wunderbaren *Vesperae solennes de confessore* KV 339. Allerdings habe ich den Eindruck, daß es weniger eine Frage des Alters war, weshalb Mozart erst einmal nicht an das *Jeunehomme*-Niveau anknüpfen konnte; es war vielmehr die unglückselige Reise nach Paris, die einer gleichmäßigeren Entwicklung im Weg stand. Alles, was auf dieser Reise geschah – Mozarts Verliebtheit in Aloysia Weber, seine Erfolglosigkeit in Paris, die Erkrankung der Mutter –, endete schlecht. Die Reise, die vom 23. September 1777 bis Mitte Januar 1779 dauerte, brachte nichts als das außerordentlich traurige Ende von Anna Maria Mozart, geborene Pertl. Sie war siebenundfünfzig, als sie am 3. Juli 1779 in Paris starb.

Nach dem *Jeunehomme-Konzert* folgte eine relativ unproduktive Phase. Aber stellt dieses Klavierkonzert tatsächlich einen so aufsehenerregenden »Qualitätssprung« dar? War Mozart davor eine Art veredelter Adlgasser, ein Michael-Haydn-Klon und danach plötzlich der große Mozart? Das erscheint mir sehr unwahrscheinlich. In allen Werken aus der Zeit vor 1777 wird bereits das Genie sichtbar, in einem Satz aus einer Messe, in einigen Takten einer Jugendsymphonie, in einem Menuett oder einem Streichquartett.

Nehmen wir zum Beispiel das »Benedictus« aus der kurzen *Messe d-Moll* KV 65. Welch eine gewagte Chromatik! Und das von einem Kind, das noch keine dreizehn Jahre alt war, als es das Stück komponierte! Oder nehmen wir das »Agnus Dei« aus den *Litaniae Lauretanae* KV 186d, das so wunderschön mit einem expressiven Solo für Sopran beginnt und das so ergreifend weitergeht. Und wer erliegt nicht der Motette *Exsultate, jubilate* KV 165? Ist sie etwa kein wirklich erstaunliches Meisterwerk? Nicht umsonst wird sie immer noch häufig aufgeführt. Weniger bekannt ist das Offertorium *Misericordias Domini* in d-Moll KV 222, doch auch hier handelt es sich um ein einzigartiges kontrapunktisches Meisterwerk. Und kein Geringerer als Brahms war vollkommen begeistert von *Venite populi* KV 260.

Eines der verblüffendsten Werke aus Mozarts Jugendzeit ist das *Streichquartett d-Moll* (ja, schon wieder d-Moll) KV 173. Im Hinblick auf die immerhin zwölf Streichquartette, die Mozart vorher komponiert hat, könnte man bei diesem Werk mit ebensoviel Recht von einem »unglaublichen Qualitätssprung« sprechen. So wie KV 173 einsetzt! Als würde Mozart bereits auf den Beginn von KV 421 in d-Moll hindeuten. Und auf den phantastischen ersten Satz und das sehr viel weniger aufsehenerregende Andante grazioso folgt ein unvergleichliches Menuett. Mozart war siebzehn, als er dieses Stück komponierte. Ein Teenager-Genie vielleicht wie Mendelssohn? Auch gegen diese These ließe sich einiges einwenden.

Teenager-Genies sind sehr selten. Mendelssohn war eins und Schubert – der mit siebzehn *Gretchen am Spinnrade* und mit achtzehn, ebenfalls nach einem Text von Goethe, *Nähe des Geliebten* (Ges-Dur) komponierte –, auch

Erich Wolfgang Korngold. Doch Mozarts erste Kompositionen stammen aus einer Zeit, als er noch längst kein Teenager war. Die *Waisenhausmesse* in c-Moll KV 139 komponierte er mit zwölf und seine erste *Symphonie* (in Es-Dur, KV 16) mit acht. Die *Messe* kann man nicht mehr als Kinderwerk bezeichnen, wohl aber noch die *Symphonie*, und das macht Mozart so einzigartig. Seine frühesten Werke sind nicht genial, sie können sich nicht messen mit Mendelssohns *Oktett*, aber dieses *Oktett* hat auch nichts Kindliches an sich; es ist die »erwachsene« Schöpfung eines Komponisten, der sein Handwerk bis in die Fingerspitzen beherrscht. Das gleiche gilt in noch viel stärkerem Maße für die *Sinfonietta* von Korngold. Der Komponist war dreizehn, als er damit begann, und fünfzehn, als er das Werk vollendete. Es übersteigt jeden Verstand, daß ein Junge dieses Alters in der Lage ist, ein solches Werk zu komponieren; eines aber steht fest: Es handelt sich hierbei um kein »Kinderwerk«, nicht einmal um ein »Jugendwerk«, sondern das Stück ist das großartige Meisterwerk eines Menschen, von dem dir dein Gefühl sagt, daß er als Komponist schon längst erwachsen ist. Wie anders ist das bei Mozart! Die *Symphonie A-Dur* KV 114 ist das typische Werk eines Kindes, allerdings das eines genialen Kindes. Und das macht es so außergewöhnlich. Man ist ergriffen und gerührt und zugleich auch unglücklich, weil einem bewußt wird, daß man selbst in dem Alter niemals etwas Derartiges hätte schaffen können. *Gretchen am Spinnrade* kann man kaum als Kinderwerk bezeichnen und *Nähe des Geliebten* noch sehr viel weniger; auch bei Schubert findet man also nicht das geniale Handwerk eines Kindes, denn allem, was Schubert zur Zeit der Entstehung des *Gretchens* sonst noch so komponierte, fehlt die Genialität.

Bei Mozart gibt es etwas, was man sonst nirgends findet: Kinderwerke eines Genies. Und darum bin ich der Ansicht, daß Brendel Mozart in gewisser Weise Unrecht tut, wenn er behauptet, Mozart habe sich plötzlich, im Alter von einundzwanzig Jahren, praktisch aus dem Nichts und außerdem noch »zu früh« als Meister entpuppt.

Postludium

Wenn Brendel recht hätte, dann wäre es doch äußerst merkwürdig, daß die Motette *Exsultate, jubilate* KV 165 so oft aufgeführt wird. Zusammen mit dem rauschenden *Divertimento* KV 136 ist sie das meistgespielte Jugendwerk Mozarts. Steht es vielleicht nur deswegen auf dem Programm, weil es der Sängerin Gelegenheit gibt, mit akrobatischen Koloraturen zu glänzen? Aber Mozart hat das Stück für den Kastraten Venanzio Rauzzini komponiert. Für einen Sopran ist es deshalb gar nicht so leicht, sein Können damit zu demonstrieren. Nein, das ist, wie Andrew Raeburn sagt, »ein unglaublich anspruchsvolles Werk für einen Jungen von noch nicht einmal siebzehn Jahren«.

Treffsichere Schlichtheit

Vor Jahren, der Morgen dämmerte, und ich wollte gerade anfangen, Kartoffeln zu pflanzen, radelte die Freundin einer meiner Studentinnen verstört auf meinen Hof.

»Was führt dich in dieser Herrgottsfrühe her?« fragte ich erstaunt.

»Gestern abend«, so berichtete sie, »habe ich bei einem Graphiker ein Stück klassische Musik gehört, das ich wahnsinnig gern noch einmal hören würde. Du hast bestimmt eine Aufnahme davon, denn Louise hat erzählt, daß du unglaublich viele Klassikplatten hast. Würdest du das Stück für mich auflegen?«

»Dazu müßte ich erst einmal wissen, um welches Stück es sich handelt.«

»Das weiß ich nicht. Ich dachte, du würdest es bestimmt wissen.«

»Woher soll ich wissen, welches Stück du gestern abend gehört hast?«

»Wenn ich dir nun sage, daß es die mit Abstand schönste klassische Musik war, die ich jemals gehört habe, dann weißt du bestimmt, welche ich meine. So viele schöne klassische Stücke gibt es doch nicht, oder?«

»Aber warum kommst du damit zu mir? Frag doch einfach den Graphiker. Der wird ja wohl wissen, welches Stück er gestern aufgelegt hat, und mit einem Griff könnte er die Platte für dich heraussuchen.«

»Ja, aber ich ... ich trau ... ich will nicht, daß er denkt, ich wäre hinter ihm her ... ich ... ich hab die ganze Nacht nicht geschlafen.«

»Was hat dieser Graphiker denn bloß mit dir gemacht?«

»Nichts«, sagte sie unglücklich, »aber ich weiß ganz genau, daß ich ihn, während die Musik erklang, angesehen habe, als ob ... ich ... ach, hilf mir doch, ich möchte es so gern noch einmal hören, dann weiß ich vielleicht besser ... was soll ich jetzt bloß anfangen ... er ... ich ... hilf mir, bitte, du hast bestimmt eine Platte von dem Stück. Wenn ich es wieder höre, kann ich vielleicht meine Gedanken ein wenig ordnen; vielleicht gefällt es mir heute schon nicht mehr so gut, und ich beruhige mich wieder ein wenig, dieses ... ich fühle mich so merkwürdig ...«

»Wurde in dem Stück gesungen?« wollte ich wissen.

»Nein, ich glaube nicht.«

»Na, das bringt uns einen großen Schritt weiter, dann scheiden schon mal alle Opern, Messen, Oratorien und andere Chorwerke aus.«

»Großartig. Nun weißt du bestimmt, was ich gehört habe.«

»Handelte es sich um Klaviermusik?«

»Wenn ich mich recht erinnere, dann war ein Klavier dabei; aber angefangen hat es ohne Klavier.«

»Ein Klavierkonzert vielleicht?«

»Oh, das weiß ich nicht.«

»Nach allem, was du sagst, müßte es ein Stück von Chopin oder Mozart gewesen sein, ein langsamer Satz aus einem Klavierkonzert, nehme ich an.«

»Warum gerade Chopin oder Mozart?«

»Weil sie mehr oder weniger die einzigen Komponisten sind, die es hin und wieder schaffen, die unglaubliche dicke Hornhaut auf den Ohren von Popliebhabern zu durchdringen.«

Als sie von der »mit Abstand schönsten klassischen Musik« gesprochen hatte, war mir übrigens schon durch den Kopf geschossen, welches Stück es gewesen sein könnte: Mozart, Andante, *Klavierkonzert Nr. 21* KV 467.

Ich legte also für sie das Andante aus dem *Klavierkonzert Nr. 21* auf, und sie flüsterte: »Ja, das ist es.« Mit Tränen in den Augen fuhr sie anschließend auf ihrem Rad davon, und etwa drei Wochen später sah ich sie mit ihrem Graphiker spazierengehen, Hand in Hand, strahlend vor Glück.

Bei Mozart findet man eine Handvoll Kompositionen, in denen er sozusagen den kürzesten Weg zu unserem Herzen einschlägt. Einfache, schlichte Urmusik, unzweideutig, mitreißend und ergreifend, ohne daß es dazu irgendwelchen musikalischen Raffinements in Form von besonderen Modulationen, auffälliger Rhythmik oder gewagter Chromatik bedürfte; musikalische Äußerungen, die so simpel und doch so wunderschön sind, daß man ihnen augenblicklich erliegt. Für diese Art von Musik sind das Andante aus dem *Klavierkonzert Nr. 21* und das *Ave verum* die bekanntesten Beispiele. Eine vage Präfiguration des Andantes aus dem *Klavierkonzert Nr. 21* finden wir bereits im *Streichquartett A-Dur* KV 169. Aber dort ist die Musik noch nicht zu einem ebenso einfachen wie treffsicheren Klang auskristallisiert. Es ist verständlich, daß der Regisseur Bo Widerberg das Andante als Soundtrack für seinen Film *Elvira Madigan* benutzt hat; noch verständlicher ist es, daß Mozarts Musik dadurch mehr oder weniger weltberühmt geworden ist.

Mich fasziniert diese außergewöhnlich treffsichere Schlichtheit. Man findet sie bei keinem anderen Komponisten, außer vielleicht bei Beethoven, im Menuett seiner *Klaviersonate Nr. 7*. Bei Mozart aber sind diese musikalischen Äußerungen noch einfacher als bei Beethoven, und sie geben fast immer eine Gemütsverfassung wieder, die mit den Worten »wankelmütige Wehmut« umschrieben werden kann. Das schönste Beispiel ist vielleicht der Schlußsatz der *Sonate Es-Dur* KV 302. Zugegeben, das Ganze hat er sich bei Johann Christian Bach abgeschaut, aber trotzdem hat Mozart daraus eine äußerst persönliche Hymne gemacht. Kein Glanz, kein Schwung, nichts als ein simples schreitendes kleines Motiv in dem Rhythmus, der später bei Schubert – *Der Tod und das Mädchen* – eine so schwere, auf das Lebensende hinweisende Bedeutung bekommen sollte. Es ist, als würde man von zwei Wärtern in die Mitte genommen und in den Kerker der Traurigkeit geführt. Man ergibt sich in sein Schicksal, aber man ist traurig.

Auch der Chor »Placido è il mar, andiamo!« (Still ist das Meer, wir fahren) aus *Idomeneo* ist eine solche Äußerung. Nach den heftigen Emotionen Elektras wird die Musik plötzlich ganz einfach und so tröstlich. Diese Stelle ist zwar nicht die herausragendste in *Idomeneo* – das ist das wunderschöne Quartett aus dem dritten Akt, bei dem Mozart, selbst wenn er nur daran dachte, auch später noch in Tränen ausbrach –, dennoch hat »Placido è il mar« etwas, das sogar dem Quartett fehlt und das der niederländische Dichter Martinus Nijhoff in seinem Gedicht *Awater* meint, wenn er von »einer innerlichen Fahrt, die tief berührt«, spricht.

Natürlich fällt auch das so bekannte »Laudate dominum«, laut Alfred Beaujean eine der magischsten Stellen in Mozarts Musik«, aus den *Vesperae solennes de confessore* KV 339 in diese Kategorie. Eine herrliche Melodie und die magische Verwendung einer Kombination, die dank der Popmusik inzwischen vollkommen verschlissen ist, die aber dennoch bei Mozart (und zum Bespiel auch in Brahms' *Altrhapsodie*) die größte Wirkung erzielt: eine einsame Frauenstimme, die mit »backing vocals« hinterlegt wird.

Ein weiteres Beispiel ist die Arie »Ruhe sanft, mein holdes Leben« aus dem Singspiel *Zaide*. Eigentlich handelt es sich nur um ein einfaches Menuett, zugleich aber ist es vielleicht die schönste Melodie, die Mozart je komponiert hat; auch wenn sie mit dem Sextsprung nach oben und dem bald darauf folgenden Oktavsprung nicht ganz so schlicht daherkommt, denn dies ist ganz bestimmt keine alltägliche Art der Melodieführung. Es gibt kaum ein anderes Stück von Mozart, das anrührender ist als dieses Schlaflied, versteckt in einem unvollendeten Singspiel, das der Komponist beinahe achtlos beiseite gelegt hat. Wie leicht hätte dieses merkwürdige Melodram verlorengehen können, und dann wäre diese überaus schöne Arie nicht erhalten geblieben.

Vielleicht müssen wir auch die Arie »Voi che sapete« aus dem *Figaro* in diese Kategorie einordnen. Aber ich zögere. Zwar handelt es sich hierbei auch um ein einmaliges Stück Mozarts, aber es ist weniger schlicht, weniger geradeheraus als »Placido è il mar«. Außerdem ist hier – als Antwort auf eine frühere Arie des Cherubino, in der es Mozart gelungen ist, das Gefühl des Verliebtseins mit musikalischen Mitteln darzustellen – die Schlichtheit eine subtile Form des Raffinements.

Die lieblichsten Beispiele für Mozarts treffsichere Schlichtheit sind die sechs Notturni (Kanzonetten) KV 346,

KV 436–439 und KV 549. Mozart komponierte sie für die Geschwister Gottfried und Franziska von Jacquin, die damals etwa so alt waren wie er selbst, sowie deren Vater, einen Botaniker. Franziska hatte bei Mozart Klavierunterricht, und dadurch hat er die Familie vermutlich kennengelernt. Wie dem auch sei, Mozart schrieb diese Notturni für drei Singstimmen (zwei Soprane und einen Baß) und drei Bläser (Klarinetten und Bassetthörner). Zum Glück gibt es in der Edition Peters unter der Nummer 4522 auch eine Ausgabe, in der die Bläserpartien für Klavier bearbeitet sind. Klarinettisten und Bassetthornspieler findet man nicht wie Sand am Meer, während zwei Soprane und ein Bassist recht schnell zur Verfügung stehen, wenn ein paar Liebhaber wirklicher Musik zu Besuch kommen. Und in einem solchen Moment zeigt sich, welch dankbare, ergreifende und wunderschöne Stücke diese Notturni sind. Sie sind nicht schwierig, man kann sie problemlos vom Blatt spielen, und dann ist Mozart mir nichts, dir nichts quicklebendig zugegen.

Gegen Ende seines Lebens, im August oder September seines Sterbejahres 1791, komponierte Mozart noch solch ein wunderschönes, ureinfaches Musikstück: das Liebesduett »Ah perdona al primo affetto« in A-Dur aus der Oper *La clemenza di Tito*. Eine solch simple Folge von Noten, drei Achtel: Dis, E, A, eine Terz nach oben, eine Quint nach unten, dann zwei Zweiunddreißigstel, Sekunden, hinauf, zum E, das wir bereits zuvor gehört haben, und dann wieder vier Sechzehntel nach unten, bis wir über das A beim G landen. Einfach A-Dur, keine Modulationen, keine besondere Rhythmik. Warum schießen einem trotzdem die Tränen in die Augen, sobald man diese Musik vernimmt?

William Mann bezeichnet sie in seinem Buch über Mozarts Opern als »die schönste Melodie« in *La clemenza di Tito*. Ob das stimmt, ist zu bezweifeln, denn »S'altro che lacrime« ist vielleicht noch schöner, doch dieses Duett ist so überaus herzergreifend. Wieder der einmalige Mozart, der den kürzesten Weg zu den Herzen der Zuhörer einschlägt. Erst singt Annius, daß er Servilia liebt, dann singt Servilia, daß sie Annius liebt, dann singen sie gemeinsam, daß sie einander lieben, und immer wieder taucht die Anfangsphrase auf, die in ihrer ganzen Einfachheit so ergreifend ist. Es gibt keinen anderen Komponisten, dem dies gelänge: den Hörer mit so einfachen Mitteln derart vor Rührung schlucken zu lassen.

Postludium

Wenn ich den Eindruck erwecken wollte, daß Mozart in seinen Kompositionen, mit denen er den kürzesten Weg zum Herzen sucht, immer mit schlichten Notenfolgen und einfachen Mitteln arbeitet, so müßte ich mir den Vorwurf gefallen lassen, meine Leser in die Irre zu führen. Der langsame Satz von KV 467 scheint zwar zunächst sehr einfach zu sein, doch was sich unter der Oberfläche abspielt, ist unglaublich. Mozart führt uns mitten durch ein Labyrinth von Tonarten, die sich aber alle als Sackgassen erweisen: F-Dur, f-Moll, c-Moll, C-Dur, g-Moll, G-Dur, As-Dur und B-Dur tauchen auch noch kurz auf. Wo ist der Ausgang aus diesem Irrgarten? Tatsächlich, schließlich findet man – wer hätte das gedacht – den Ausweg über F-Dur, aber man sollte nicht neugierig sein auf das, was vorher alles passiert ist.

Wenn man dieses Stück als amourösen Abendspaziergang in einer linden Sommernacht bei Mondenschein empfindet, könnte man sich fragen, ob man wohl mit der richtigen Person unterwegs ist. Bei näherem Hinsehen scheint mir dieses Stück für das Liebeswerben weniger geeignet zu sein. Oder sollte man es als die vollkommene Annäherung an all die subkutanen Sorgen und Ängste betrachten, die selbst die erfahrensten Liebhaber befallen, wenn sie sich augenscheinlich ungerührt und wonnevoll an der nächsten Flamme versengen.

Mozart und mein »Köchelwecker«

Ab Februar 1784 hat Mozart ein Register seiner Werke geführt. In dieses Verzeichnis hat er 145 Kompositionen eingetragen. Nicht alles, was er bis zu seinem Tod schrieb, hat er darin aufgenommen; andererseits hat er aber auch Arbeiten auf die Liste geschmuggelt, die in Wirklichkeit bereits viel früher entstanden waren. Jahre nach Mozarts Tod hat Dr. Ludwig Ritter von Köchel ein Verzeichnis aller Werke Mozarts angelegt. Nach ihm heißt es Köchelverzeichnis (KV), und jeder Komposition Mozarts ist darin eine bestimmte Nummer zugeordnet. Der Ritter kam auf 626 Werke. Nach seinem Tod haben unter anderem Paul Graf von Waldersee und Alfred Einstein das Verzeichnis überarbeitet, und bei jeder neuen Auflage gibt es kleinere Veränderungen bei der Numerierung. Doch Graf Waldersee und all den nach ihm kommenden Musikwissenschaftlern zum Trotz behaupten sich die ursprünglichen KV-Nummern von Ritter Köchel erstaunlich gut und prägen sich einem ins Gedächtnis ein. Für mich sind die Nummern zu einem wesentlichen Teil meines Mozart-Erlebens geworden. Wenn ich nachts aufwache und auf die drei rotleuchtenden Ziffern meines digitalen Weckers schaue, dann lese ich sie im Halbschlaf immer als Köchelnummer. So kommt es, daß jede Nacht Mozart bei mir hereinschaut. Meistens wache ich kurz nach halb vier auf. Dann ist die Blase voll und will geleert werden. Der Wekker zeigt 3:34. »*Divertimento D-Dur* mit den sechs sublimen Variationen im langsamen Satz«, denke ich dann und summe das Thema der Variationen vor mich hin, was wegen der darin enthaltenen Triller gar nicht so einfach ist.

Mozart summend leere ich meine Blase, gehe wieder ins Bett, liege noch eine Weile wach und betrachte dabei die nacheinander aufleuchtenden Köchelnummern: KV 335, die zwei schönen Märsche, die man nie zu hören bekommt; KV 336, die *Kirchensonate C-Dur*, mit Abstand die reichste der Kirchensonaten, auch wenn sie nur für Orgel und Streicher komponiert wurde. Dann folgt KV 337, die strenge, erstaunliche *Missa solemnis* mit ihrem fugierten »Benedictus«, mit der Mozart sich endgültig von den Salzburger Pfaffen verabschiedet hat; dann kommt KV 338, die *Symphonie C-Dur*, die in England unter dem Namen »Beecham's favourite« bekannt ist, ein gewaltiges Werk mit einem Eröffnungssatz wie eine Kathedrale aus Klang, einem wunderschönen Andante und einem so leuchtenden, rauschenden und lebenslustigen Finale, wie es kein zweites gibt. (Nach Ansicht von Simon Vestdijk ist es »der Höhepunkt des ›feurigen‹ Durchschnitts«.) Ein Menuett fehlt. Einige Musikwissenschaftler vertreten die These, Mozart habe das Menuett KV 409 für diese *Symphonie* nachkomponiert, was aber nicht sehr wahrscheinlich ist. Trotzdem paßt das Menuett ganz hervorragend hinein, denn es ist ein Juwel mit einem überragenden, grandios instrumentierten Trio. Unter anderem kommt eine wunderschöne Flötenpartie darin vor, wohingegen es in der *Symphonie* leider überhaupt keine Flöten gibt; schon deswegen kann es nicht sein, daß KV 409 für KV 338 nachkomponiert wurde.

Alle obengenannten Werke sind in Salzburg entstanden. Mitte Januar 1779 war Mozart von seiner wenig erfolgreichen Reise nach Paris zurückgekehrt. Anfang November 1780 begibt er sich nach München, um dort bei den Proben für seine Oper *Idomeneo* anwesend zu sein, deren Komposition er im Oktober begonnen hatte. Mozart bleibt bis März 1781 in München. Von dort reist er nach Wien, wohin ihn sein Dienstherr, Erzbischof Colloredo, beordert hat, der sich für eine Weile in der österreichischen Hauptstadt aufhält. In Wien kommt es dann zum Konflikt zwischen Colloredo und Mozart, der damit endet, daß Mozart tollkühn den Dienst quittiert (genauer gesagt: einer der Hofschranzen Colloredos verpaßt ihm einen Tritt in den Hintern) und in Wien bleibt. Einmal noch, im Sommer 1783, kehrt er nach Salzburg zurück, um Constanze seinem Vater und seiner Schwester vorzustellen. Doch auch jetzt bricht das Eis nicht. Vater und Schwester bleiben bei ihrer ablehnenden Haltung gegenüber Constanze.

Nach seiner Parisreise hat Mozart also nur knapp zwei Jahre, 1779 und 1780, bei seinem Vater und seiner Schwester verbracht. Über diese zweiundzwanzig Monate wissen wir wenig. Weil er im elterlichen Haus wohnte, bestand kein Anlaß, dem Vater Briefe zu schreiben. Während wir uns anhand der Briefe, die er aus Paris nach Hause schrieb, ein gutes Bild von seinen täglichen Aktivitäten machen können, verfügen wir über keine vergleichbaren Informationen aus den zwei Salzburger Jahren. Mozart schrieb in dieser Zeit zweimal an seine Cousine, die er zuvor mit frivolen Briefen traktiert hatte, den berüchtigten »Bäsle-Briefen«. In diesen Briefen finden wir keine Verweise auf den Arsch und seine Umgebung, doch sehr informativ sind sie trotzdem nicht. Auch das Tagebuch, das Schwester Nannerl führte, hilft uns kaum weiter. Wir erfahren daraus lediglich, daß Mozart mit dem Hund Pimperl spazierenging. Ansonsten wissen wir nur, daß er nach seinem wenig ertragreichen Parisaufenthalt eine beinahe fieberhafte kompositorische Aktivität entfaltete. Das erste Werk, das im Januar 1779 in Salzburg entstand, war vermutlich das *Konzert für zwei Klaviere und Orchester* KV 365. Aller Wahrscheinlichkeit nach schrieb er es für seine Schwester und sich. (Dieses Werk kann nie auf meinem Wecker auftauchen, weil er von 3:59 auf 4:00 Uhr umspringt.) Im März folgte die mehr als bekannte, aber deshalb nicht weniger schöne *Krönungsmesse* KV 317, und vermutlich stammt noch ein weiteres Meisterwerk aus dieser Zeit, nämlich die *Sonate für Violine und Klavier* KV 378. Man nimmt an, daß die einmalige *Sinfonia concertante* KV 364 ebenso zwischen 1779 und 1780 in Salzburg entstanden ist wie all die Werke, die nachts sehr wohl auf meinem Wecker erscheinen, von KV 321, den *Vesperae de Dominica*, bis hin zu den zwölf *Variationen für Klavier und Violine* KV 359. Dazu gehören auch Werke wie das unvollendete Singspiel *Zaide* KV 344 und die letzte Version der Musik zu *König Thamos* KV 345. Einige Chöre hatte Mozart bereits früher komponiert.

Mozart soll in dieser Salzburger Zeit sehr unzufrieden gewesen sein. Da Fürsterzbischof Colloredo sein Können nicht genügend würdigte und ihn zu schlecht bezahlte, soll er daheim bei Vater und Schwester gehockt und zähneknirschend sein Schicksal verwünscht haben. Sein Talent war zu groß für Salzburg. Er wollte sich in einer anspruchsvolleren Umgebung entfalten, er wollte fort, nach Wien, und bei der erstbesten Gelegenheit trat er aus Colloredos Dienst und ließ sich als freischaffender Komponist in der österreichischen Hauptstadt nieder. Eines der ersten Werke, das er dort schrieb, war die *Gran Partita*, deren Komposition er möglicherweise bereits in München während der Proben des *Idomeneo* begonnen hatte. Für wen dieses Werk mit seiner wunderlichen Besetzung bestimmt war, wissen wir nicht. Sicher ist aber, daß es im ohnehin schon so überaus hochklassigen Œuvre Mozarts einen der absoluten Höhepunkte darstellt. Als Salieri im Film *Amadeus* diese Musik hört, ist er vollkommen sprachlos.

Wer sich aber die ersten Wiener Werke genau anhört, bemerkt einen anderen Klang als in den Meisterwerken aus der fast zweijährigen Salzburger Zeit. Von der überschäumenden, brennenden, drängenden Lebenslust, die vor allem in den Finales der *Symphonie Nr. 34* und der *Sinfonia concertante* Ausdruck findet und die man auch aus dem *Divertimento* KV 334 heraushört, kann keine Rede mehr sein. Etwas Trauriges, Wehmütiges schleicht sich in Mozarts Musik, etwas, das dort natürlich auch früher schon herumspukte, wie der Schlußsatz von KV 302 mit dem Schubert vorwegnehmenden Marschrhythmus des Leichenzugs zeigt. Doch während der zwei Jahre in Salzburg ist dieser Ton kaum herauszuhören. Mich hat das schon immer verwundert, und weil auf meinem digitalen Wecker ausgerechnet die Salzburger Werke immer wieder erscheinen, werde ich jede Nacht erneut an die Tatsache erinnert, daß ein großer Kontrast besteht zwischen seiner angenommenen Unzufriedenheit in Salzburg und der phantastischen Vitalität seiner Werke, vor allem der *Symphonie Nr. 34*.

Oder war Mozart 1779 und 1780 in Salzburg vielleicht gar nicht unglücklich? Muß seine Biographie, jedenfalls was diese Zeit anbelangt, ein wenig umgeschrieben werden? Oder war Mozart fähig, ein solch übermütiges Finale wie das der *Symphonie Nr. 34* zu schaffen, während er gleichzeitig vollkommen unzufrieden war? Den Höhepunkt des »feurigen Durchschnitts« in seinem Gesamtwerk, wie Vestdijk sagt. Leider ist mir nicht klar, was ich mir unter einem »feurigen Durchschnitt« vorstellen soll. »Feurig« verstehe ich, aber »Durchschnitt«? Was mag er damit meinen? Wie dem auch sei: Möglicherweise verhält es sich so, daß Mozart, gerade weil er so unzufrieden war, seinen Unmut in dem feurigen Finale abreagieren konnte. Denkbar ist alles, doch ich glaube, daß Mozarts Leben nach seiner vergeblichen Parisreise und dem ebenso vergeblichen Werben um Aloysia in eine Art Windstille geraten ist, in das Auge eines Taifuns oder zumindest eines starken Sturms, und daß diese Windstille, diese Flaute es ihm ermöglichte, in sehr große Höhen aufzusteigen. Denn wenn wir aufrichtig sind: An die in Salzburg überarbeitete und ergänzte *Thamos*-Musik ist er später, in der *Zauberflöte*, hier und da noch mal herangekommen, aber übertroffen hat er sie nicht mehr. Er hat noch sechs Symphonien geschrieben (die *Symphonie Nr. 37* KV 444 gibt es nicht, sie ist nur eine Einleitung zu einer Symphonie von Michael Haydn), und das sind sechs Meisterwerke, aber solch urvitale Brandungsmusik wie in KV 338 wird man darin nicht finden. Auch KV 334 ist einmalig. Danach folgen noch weitere Divertimenti, doch nie wieder ein solch reiches, durch und durch lebenslustiges Werk für Streicher und Bläser.

Ich habe eine große Schwäche für die Werke aus dieser kurzen Phase. Vielleicht weil ich immer wieder an sie erinnert werde, wenn ich nachts aufwache und auf dem rotleuchtenden Display die Ziffern 3:34 oder 3:38 oder 3:44 oder 3:45 erblicke: vier Werke, die ich wie einen kostbaren Schatz hüte. Einmal war eine Geigerin bei mir zu Besuch, die Mozart weitaus höher schätzte als alle anderen Komponisten. Zufällig hatte sie die *Thamos*-Musik noch nie gehört. Nach der Stelle mit dem Oberpriester (»Ihr Kinder des Staubes, erzittert und bebet«) konnte sie eine Zeitlang nichts sagen, so stark hatte die Musik sie berührt.

Postludium

Nach meinem nächtlichen Intermezzo mit den Werken aus den windstillen Jahren in Salzburg schlafe ich jedesmal wieder ein. Meistens wache ich kurz nach fünf auf; dann präsentiert mir der Wecker die Werke aus dem Frühjahr 1787. Mozart zieht aus einer teuren Wohnung in der Schulerstraße in eine viel billigere in der Landstraße. Der Niedergang hat begonnen. Wahrscheinlich hat er noch in der Schulerstraße einen gedrungenen, stolzen jungen Mann mit finsterem Aussehen empfangen: Beethoven. Ebenfalls in der Schulerstraße hat er das majestätische *Streichquintett C-Dur* KV 515 komponiert, den Abschied von seiner goldenen Zeit. In der Landstraße schrieb er das bittere *Quintett g-Moll* KV 516. Während ich mich darauf vorbereite aufzustehen, was mir vor allem im Winter, wenn es kalt und dunkel ist, nicht leichtfällt, tauchen auf meinem Wecker vier der fünf schönsten Lieder von Mozart auf: *Das Lied der Trennung* KV 519, *Als Luise die Briefe ihres ungetreuen Liebhabers verbrannte* KV 520, *Abendempfindung an Laura* KV 523, und *An Chloe* KV 524. Wie merkwürdig, daß Mozart im Mai und Juni plötzlich, übrigens auf elend schlechte Texte zurückgreifend, vier kleine Juwelen schreibt, während alle Lieder, die er davor komponiert hat – vom *Veilchen* aus dem Juni 1785 einmal abgesehen –, sich als wenig aufsehenerregend erweisen. Hat er sich mit den Liedern für den *Don Giovanni* warmgelaufen? Rätselhaft ist auch, warum er das Stück *Ein musikalischer Spaß* KV 522 komponiert hat. Wollte er seine Kollegen verspotten? Aber doch wohl nicht mit dieser skurrilen, bizarren Musik, die so wenig Ähnlichkeit mit der grauen, unbedeutenden Musik seiner Zeitgenossen hat? Es entsteht vielmehr der Eindruck, Mozart mache sich über sich selbst lustig. Manchmal überkommt einen das Gefühl, als käme bereits Beckmesser »keiner besser« aus den *Meistersingern* herangeschlurft. Hildesheimer ergeht sich in psychologischen Betrachtungen über den Tod von Mozarts Vater. Das *Dorfmusikanten-Sextett* »war das erste musikalische Werk, das Mozart nach der Todesnachricht niederschrieb«, sagt er und zieht daraus recht gewagte Schlüsse, die wir jetzt definitiv verwerfen können, da Alan Tyson gezeigt hat, daß Mozart seinen verrückten *Spaß* zum größten Teil schon vor dem Tod seines Vaters zu Papier gebracht hat.

Nach dem rätselhaften *Sextett* folgt drei Minuten später auf meinem Wecker ein weiteres geheimnisvolles Werk: *Eine kleine Nachtmusik* KV 525. Für wen wurde diese gefällige Musik komponiert? Und für welche Besetzung ist sie gedacht? Für mich ist dieses Werk auf jeden Fall das Zeichen dafür, daß meine »kleine Nacht« mit so viel großer Musik vorbei ist. Ich stehe langsam auf, die schönste *Violinsonate* erscheint im Display, KV 526, und dann, wenn ich neben meinem Bett stehe, das Werk, welches Kierkegaard (und viele andere) als Mozarts größtes Meisterwerk betrachten: KV 527, *Don Giovanni*. Während ich ins Badezimmer wanke, summe ich meine Lieblingsarie aus dieser Oper: »Batti, batti, o bel Masetto«.

Die langsamen Einleitungen

Auf unserem Notenpult stand die *Sonate zu vier Händen F-Dur* KV 497. Wir hatten das Stück noch nie geprobt. Weder meine Partnerin noch ich hatten jemals eine Aufnahme davon gehört. Das klingt vielleicht merkwürdig, doch was ich hier erzähle, ist dreißig Jahre her. Ich saß links, meine Partnerin rechts. Natürlich wäre es klug gewesen, wenn ich zuvor wenigstens meinen Teil geübt hätte. Aber aus Zeitmangel war ich nicht dazu gekommen. Auch meine Partnerin sah die Noten zum ersten Mal. »Also, schön langsam, wirklich ganz langsam, und genau zählen«, sagte ich. Wir schlugen die ersten Noten an. Erster Takt piano, zweiter Takt forte. Links und rechts machen das gleiche. Dann weicht rechts ab, und links hat einen Takt Pause. Weil wir ein sehr mäßiges Tempo wählten und beide recht gut vom Blatt spielen konnten, kamen wir ganz ordentlich durch die 29 Takte der langsamen Einleitung. Trotzdem kostete es mich große Mühe, die richtigen Akkorde anzuschlagen und im Takt zu bleiben, weil ich unglaublich gefesselt war von dem, was rechts von mir passierte. Was machte die Oberstimme bloß? Sie stieg die ganze Zeit über in die Höhe und modulierte, daß es nur so eine Lust war, um anschließend wieder hinabzutauchen und dann einen neuen Versuch zu starten, den Himmel zu erreichen. Nach dem C-Dur-Schlußakkord der Einleitung sahen wir einander erschrocken an. Meiner Partnerin, eine meiner Studentinnen, die gottlob nicht nur wirkliche Musik liebte, sondern auch besser Klavier spielen konnte als ich, standen die Tränen in den Augen. Auch ich war gerührt. Wir schwiegen und schauten eine Weile vor uns hin. Schließlich sagte ich: »Noch mal.«

Zum Allegro di molto von KV 497 sind wir an diesem Nachmittag nicht gekommen. Wir haben die ganze Zeit die langsame Einleitung geübt, so lange, bis wir die 29 Takte perfekt beherrschten. Später haben wir natürlich auch den Rest der Sonate einstudiert. Wir waren von dem langsamen Satz entzückt und plagten uns mit dem überschwenglichen Schlußsatz ab. Eines aber stand für uns fest: So phantastisch die Sonate als Ganzes auch ist, nichts geht über den Zauber der langsamen Einleitung. Wie merkwürdig von Mozart, gleich zu Beginn sein Allerbestes zu geben. Das macht er öfter. Die langsame Einleitung des »*Dissonanzen*«-*Quartetts* – man traut seinen Ohren nicht. Alles, was danach kommt, verblaßt angesichts dieses unglaublichen Anfangs. Im *Streichquintett* KV 516 war er so vernünftig, die langsame Einleitung an den Beginn des Schlußsatzes zu stellen. Das gleiche hat er auch in der *Haffner-Serenade* KV 250 getan. Diese langsame Einleitung ist das erste großartige Beispiel ihrer Art. Ein kurzes Wunderstück. Aber in anderen Werken, vor allem in den Sonaten für Violine und Klavier, stellt er die langsame Einleitung seelenruhig an den Anfang. Zugegeben, es geschieht, wenn wir die unvollendete *Sonate* KV 402 mitrechnen, nur viermal, doch jedesmal ist es, als müßte man sich aus einer Art Verzauberung befreien, um nach der Einleitung noch weiterspielen zu können. Besonders in KV 379 ist die langsame Einleitung so unvergleichlich, daß der Rest dagegen beinahe blaß und alltäglich wirkt.

Mozart verweist nicht nur alle anderen Komponisten mühelos auf die Plätze, er besitzt außerdem noch das überragende Talent, langsame Einleitungen komponieren zu können. Diese Fähigkeit kommt zu seinen übrigen Talenten hinzu, so daß wir zusätzlich zu den bereits erwähnten noch über die wunderbaren langsamen Einleitungen der *Prager Symphonie*, der *Symphonie Nr. 39*, des *Streichquartetts D-Dur* KV 593, der *Zauberflöten*-Ouvertüre verfügen. Hinzu kommt noch die langsame Einleitung von KV 444, der *Symphonie Nr. 37*, die er für seinen Kollegen Michael Haydn komponiert hat. Für ebendiesen in Zeitnot befindlichen Michael Haydn schüttelte er sich auch zwei verblüffende *Duos für Violine und Viola* aus dem Ärmel, und einem der beiden, KV 424, gab er wiederum solch eine vortreffliche langsame Einleitung.

Zugegeben, auch Joseph Haydn hat wunderschöne langsame Einleitungen komponiert, und die aus der *Symphonie Nr. 104* steht der langsamen Einleitung aus KV 543 praktisch nicht nach, doch wie Mozart das »Dissonanzen«-Quartett anfangen läßt – es bleibt ein Wunder.

Saul Bellow hat einen interessanten Essay über Mozart geschrieben, in dem er wiederholt den Ausdruck »metaphysisch« verwendet. Paßt dieser Begriff vielleicht zu den langsamen Einleitungen? Verweisen sie auf einen liebevollen Gott im Himmel? Eher im Gegenteil: Wie unglaublich bitter und schmerzhaft entfaltet sich die langsame Einleitung des »Dissonanzen«-Quartetts. Alles, was danach kommt, scheint nur geschrieben, um diese bestürzenden Klänge lieblich zu beschwören. Trostlos ertönt die langsame Einleitung des Schlußsatzes von KV 516. Die sich danach einstellende eigenartige, hohle Freude versucht nicht einmal mehr, den Blick in den schwarzen Abgrund zu verhüllen.

Auch die *Maurerische Trauermusik* empfinde ich als langsame Einleitung, obwohl danach kaum noch etwas kommen kann. Auch diese Musik offenbart atemberaubend wohlklingend ein Weltall ohne Hoffnung, ohne Aussicht. Der Sänger und Dirigent René Jacobs sprach in einem Interview von einem »Klumpen Trauer«, als die Rede auf Mozart kam, und stellte ihm Haydn gegenüber, der einen immer froh stimme. Das scheint mir sehr überspitzt zu sein, doch daß Mozart, anders als Haydn, wußte, was hoffnungslose Depressionen sind, das liegt auf der Hand. Ich kann den Anblick dieser Aussichtslosigkeit meist kaum ertragen. Doch während der depressive Einschlag, der die musikalischen Äußerungen von Mahler und Schostakowitsch färbt, mich dazu bringt, daß ich mich schaudernd abwende, ist die Auswegslosigkeit bei Mozart eigentlich schlimmer. Doch sie erscheint zum Glück immer nur als Erkenntnisblitz, der sogleich wieder erlischt. Lediglich nach KV 516 scheint es kaum noch Hoffnung, kaum noch Trost zu geben.

Auch die 58 Takte von KV 617, *Adagio und Rondo für Glasharmonika*, sind für mein Gefühl eine etwas zu lang ausgefallene langsame Einleitung. Nach Ansicht von Hildesheimer mündet das gefühlvolle, schöne Adagio »in ein recht lustloses Rondo«. Ob dieses Urteil zutreffend ist, wage ich zu bezweifeln.

Postludium

Auch das *Quintett für Oboe, Klarinette, Horn, Fagott und Klavier* KV 452 versah Mozart mit so einer typischen, wunderbaren langsamen Einleitung. Über das *Quintett* schrieb er am 10. April 1784 an seinen Vater: »Ich habe 2 grosse Concerten geschrieben, und dann ein Quintett, welches ausserordentlichen beyfall erhalten; – ich selbst halte es für das beste was ich noch in meinem leben geschrieben habe.«

Hat er das wirklich ernst gemeint? Oder übertrieb er hier wie so oft, wenn er an seinen Vater schrieb? War vielleicht die gewagte und dennoch bezaubernde Kombination aus Klavier und Bläsern dafür verantwortlich, daß ihm die Formulierung »das beste in meinem Leben« aus der Feder floß? War er entzückt vom Klang der Bläser und seiner Fähigkeit, sie der Reihe nach in ihren Soli von ihrer besten Seite zu zeigen? KV 452 ist eine glänzende Komposition, aber ist sie tatsächlich »das beste«, was Mozart bis dahin geschrieben hatte? Was ist mit *Idomeneo*? Und was mit der *Symphonie C-Dur* KV 338? Und dem *Streichquartett d-Moll* KV 421? Und der *Entführung*? Und der *Thamos*-Musik, die er selbst – zu Recht – so sehr schätzte? Und was ist mit den *Klavierkonzerten* KV 271 und KV 449? Und der *Bläserserenade* KV 388? Und der *Gran Partita* KV 361? Wie dem auch sein: Das Eröffnungslargo dieses Werkes gehört in die einmalige Reihe von langsamen Einleitungen, eine Kompositionsform, auf die er das Patent hatte und von der kein anderer Komponist so oft und so großartig Gebrauch gemacht hat – obwohl auch Beethoven einige wunderbare langsame Einleitungen komponiert hat; und die einleitenden Lentos der Symphonien von César Franck und Ernest Chausson dürfen ebenfalls nicht vergessen werden.

Die Variationen

»Laß uns doch auch mal die *Variationen* KV 501 probieren«, sagte ich zu der Studentin, mit der ich auch KV 497 gespielt hatte. »Die sind nach dem *Figaro*-Jahr entstanden, im Herbst 1786.«

»Hat Mozart auch Variationen zu vier Händen komponiert?« fragte sie. »Wie schrecklich. Ich habe bereits so ein dickes Buch mit Variationen zu vier Händen. Und dann gibt es auch noch die Sonate mit dem ›Türkischen Marsch‹, die mit kindlichen, um nicht zu sagen kindischen Variationen anfängt. Und noch eine weitere Sonate mit ellenlangen Variationen nach dem Rondo, wie Mostrich nach dem Essen.«

»Tja, KV 284, das sind verblüffende Variationen.«

»Als sei das alles nicht genug.«

»Aber die Variationen KV 501 sind wunderschön.«

»Du findest alles wunderschön. Variationen, damit kann ich nichts anfangen. Eine schöne Melodie ist sich selbst genug, die muß nicht mit allerlei Schnörkeln, Trillern und Triolen ausgeschmückt werden. Und wenn das Thema nichtssagend ist, dann können die Variationen noch so schön sein, man denkt immer: Mensch, laß doch den Quatsch, diese öde Melodie schaut überall heraus wie der runzlige Schädel eines Hutzelweibs, das sich nach allen Regeln der Kunst herausgeputzt hat.«

»Gerade in den Mostrich-Variationen, die du vorhin erwähntest, hat Mozart in der neunten Variation die Melodie so subtil verändert, daß sie vollkommen neu wirkt, und in der letzten Variation wechselt er vom Vierviertel- in den Dreivierteltakt. Ausgesprochen reizvoll. Und die elfte Variation, das Adagio, ist geradezu ein kleines Wunder.«

»Ach, hör auf, Variationen sind überflüssig.«

»Und wie kommt es dann, daß die fünf größten Komponisten versessen waren auf Variationen: Bach, Beethoven, Schubert, Haydn, Mozart?«

»Weil sie es nicht besser wußten und man ihnen eingebleut hatte: Man muß variieren. Spätere Komponisten waren da schlauer – von dem modulierenden Brummkreisel Reger einmal abgesehen.«

»Du vergißt Brahms; der war ganz wild auf Variationen.«

»Der wollte Beethoven sein, und darum blieb ihm nichts anderes übrig, aber Chopin hat nicht die Sünde begangen …«

»Und ob! Er hat unter anderem Variationen für Klavier und Orchester auf ›Là ci darem la mano‹ geschrieben.«

»Immer willst du alles besser wissen! Wie schrecklich. Aber gut, dann hat er eben auch Variationen geschrieben, eine Jugendsünde sozusagen. Später hat er das nicht mehr getan, und Debussy und Ravel auch nicht.«

»Du lehnst Variieren also ab?«

»Ich habe einmal ein Schulkonzert besucht. *The Young Person's Guide to the Orchestra* von Britten. Das sind auch Variationen, und denen liegt eine fesselnde Melodie von Purcell zugrunde. Britten aber rückt ihr mit Pauken und Posaunen zu Leibe, so daß am Ende nichts davon übrigbleibt.«

So kam es, daß unser gemeinsames Musizieren schon nach kurzer Zeit ein Ende fand. Dabei hatte ich mich bereits darauf gefreut, später einmal mit ihr die einmaligen *Variationen zu vier Händen As-Dur* von Schubert zu spielen! Dennoch kann man nicht leugnen, daß ihre Ansicht über Variationen im Kern eine Wahrheit enthält. Vestdijk schreibt über den letzten Satz des *Klavierkonzerts c-Moll* KV 491: »Diese seltsam wohlklingende, tragisch mahnende, wunderbar modulierende Melodie, der die Variationen, von der in Moll und der letzten, chromatischen abgesehen, nichts Wesentliches hinzufügen können. Aber das ist, in Anbetracht eines derart sublimen Ausgangspunkts, auch nicht notwendig.« Hier wird, freundlicher formuliert, nur gesagt, daß es nicht notwendig ist, einer solchen Melodie durch Variationen noch etwas hinzuzufügen. Aber der Satz impliziert auch, daß eine solche Melodie tatsächlich keine nachgeschobenen Variationen braucht. Herrliche Melodie, Variationen vollkommen überflüssig; nichtssagende Melodie, Variationen ebenfalls überflüssig, denn eine schlechte Melodie wird dadurch nicht besser. Kann man dagegen etwas einwenden?

Ich denke, daß vor allem das Werk Beethovens einen wohlklingenden Einwand gegen diese These darstellt. Kein anderer Komponist hat so leidenschaftlich, so besessen und so verbissen Variationen geschrieben wie er. Es hat auch niemand so unglaublich gekonnt und mit solch überraschenden Resultaten Variationen komponiert, wobei die Krönung seines Schaffens die *Diabelli-Variationen* sind. Was dort nicht alles aus einer dumpfen Melodie herausgeholt wird! Wenn man die Form der Variation an sich verwirft, verwirft man Beethoven. Auch Mozart würde man eines wesentlichen Teils seines Œuvres berauben, wenn man daraus alle Variationen streichen würde. Etwa fünfzig Kompositionen oder Teile daraus würden dann wegfallen. Schon als Kind komponierte er seine ersten Variationen. Im Alter von neun Jahren schrieb er in London Variationen für Klavier, doch die Handschrift dieses Werkes ist verlorengegangen. Ein Jahr später komponierte er in Den Haag zu Ehren des Statthalters Wilhelm V., der im März achtzehn Jahre alt wurde (und nicht einundzwanzig, wie Neal Zaslaw in *The Compleat Mozart* schreibt), acht Variationen über *Laat ons juichen, Batavieren* KV 24 und sieben Variationen über *Willem van Nassau* KV 25. Seine ersten erhaltenen Variationen sind also auf niederländischem Boden entstanden, und schon dies rechtfertigt eine besondere Betrachtung über diese Gruppe von Werken.

Man kann die Variationen in zwei Gruppen unterteilen: Variationen auf ein eigenes Thema und Variationen auf die Melodie eines anderen Komponisten. Bei fast allen Variationen für Klavier, insgesamt vierzehn Kompositionen, bildet ein fremdes Thema den Ausgangspunkt. Das gilt auch für die selbständigen Variationen für Violine und Klavier auf *La Bergère Célimène* KV 359 und *Hélas, j'ai perdu mon amant* KV 360. In letzteren zeigt Mozart sich von seiner schlechtesten Seite: Pracht ohne Tiefgang, Glitzern ohne Glanz.

Doch seine Variationen für Klavier auf Themen anderer sind praktisch ausnahmslos vortrefflich, wobei die zwölf Variationen auf *Je suis Lindor* KV 354 und die zwölf Variationen auf *La belle Françoise* KV 353 besonders herausragen. Vor allem in harmonischer Hinsicht gewagt sind die neun Variationen auf *Lison dormait* KV 264; äußerst interessant sind die sechs Variationen auf *Salve tu, Domine* KV 398, weil Mozart dort, wie ein Ameisenlöwe, der seine Beute in die selbstgegrabene Grube hinabzieht, das so vollkommen unmozartsche Thema zu Mozart pur transformiert. Auch die kleine Arie »Unser dummer Pöbel meint« von Gluck wird in KV 455 auf äußerst intelligente Weise schalkhaft in einen mit allen Wassern gewaschenen Clown verwandelt; in KV 613 versichert uns Mozart mit Hilfe von acht Variationen, daß der »Slogan« *Ein Weib ist das herrlichste Ding* ihm durchaus aus dem Herzen spricht.

Doch es läßt sich nicht leugnen, daß Mozart mehr er selbst ist und seine Hörer direkter anspricht, wenn er ein eigenes Thema variiert. Niemand weiß, von wem das Thema in B-Dur stammt, auf das er zwölf Variationen komponiert hat (KV 500), die eine gewagte und zukunftsweisende Klavierkunst demonstrieren. Ich glaube nicht zuletzt deshalb, daß es von ihm selbst stammt, weil es eng mit dem Hauptthema des Fragments KV 502a verwandt ist, das möglicherweise als Klavierkonzert konzipiert war. Und das einfache, so typische, auf die Variationen zugeschnittene kleine Thema von KV 54 (Köchel hat dieses Werk fälschlicherweise mit einer so niedrigen Nummer versehen, entstanden ist es vermutlich im Juli 1788) ist Mozart in Reinkultur. Wunderbare Variationen. Man kann sehr gut verstehen, daß Mozart sie, mit einer Violinstimme versehen, als letzten Satz in seine *Sonate für Violine und Klavier* KV 547 aufgenommen hat.

Gerade in seinen Sonaten für Violine und Klavier hat Mozart uns – und vor allem Menschen wie meiner Studentin, die Variationen verachtete – gezeigt, daß sehr wohl ein Ausweg aus dem Dilemma erkennbar ist, daß man mit Variationen thematische Dürre nicht verhüllen und einem schönen Thema nichts hinzufügen kann. Bereits in der *Sonate für Violine und Klavier* KV 31 hat er, wiederum in Den Haag, Variationen auf ein Menuett komponiert: Kinderwerk, das einen noch nicht vom Hocker reißt, auch wenn es natürlich erstaunlich ist, daß ein Bürschchen von zehn Jahren bereits so gekonnt zu komponieren verstand. Die ersten Sonaten für Violine und Klavier, bei denen man von einer vollwertigen Violinpartie sprechen kann, sind die in Mannheim entstandenen und in Paris veröffentlichten sechs »Kurpfälzischen Sonaten« KV 296 und KV 301–305. Die letzte davon beendet Mozart mit Variationen. Von einem überreichen und vielschichtigen Thema ausgehend, muß er bereits in der ersten Variation zu Abfolgen von Zweiunddreißigstelnoten greifen, um dem noch etwas hinzuzufügen. Auch in der nächsten Variation steht das Thema gleichsam im Weg; es ist zu kunstvoll und rhythmisch viel zu prononciert, als daß ihm noch eine Variation abgewonnen werden könnte. Anders verhält es sich in KV 337, dem ersten kammermusikalischen Werk, das nach seiner gewagten Flucht aus den Diensten Colloredos in Wien entstand. Hier ist das Thema, wenn man sich die Verzierungen wegdenkt, rhythmisch und melodisch bereits sehr viel einfacher, so daß es sich besser für Variationen eignet: d-Moll, Mozart auf der Höhe seiner Kunst, Variationen, mit denen man jeden Variationenskeptiker bereits halbwegs überzeugen könnte. Im letzten Satz von KV 379 demonstriert Mozart, wie es noch besser geht. Das Thema ist noch einfacher, die Variationen sind noch kunstvoller. Allerdings könnte ein Skeptiker hier einwenden, daß die langsame Einleitung dieser Sonate eine derart verblüffende Tour de force darstellt, daß sogar diese schönen Variationen dagegen verblassen. Noch simpler ist das Variationsthema im Finale von KV 481. Ein »hemdsärmeliges Thema« hat Alfred Einstein es genannt. Man sollte aber darauf achten, wie Mozart dieses hemdsärmelige Thema in den sechs Variationen zu einer gewagten Kreation für den Catwalk einer Modenschau ausbaut. Ein ähnlich hemdsärmeliges Thema findet man im Mittelsatz des *Klaviertrios* KV 564, und auch hier wird es reichhaltig ausstaffiert. Noch deutlicher läßt sich diese subtile Art, den Variationenskeptiker zu überzeugen, vielleicht am Mittelsatz des *Klavierkonzerts* KV 450 demonstrieren. Hier haben wir es mit einem ebenso einfachen wie ergreifenden Thema zu tun, das sich in den Variationen zwar nicht als kunstvoller entpuppt, als man ursprünglich angenommen hatte, das aber dennoch nichts von seiner emotionalen Kraft einbüßt, weil die Variationen den Zuhörer sozusagen immer wieder mit der Nase auf die Tatsache stoßen, daß das einfache Thema eine ebensolche Mozart-Entdeckung ist wie das *Ave verum*. Auch im *Klarinettenquintett* ist das Variationsthema recht einfach, doch Mozart wählt hier einen anderen Weg und zeigt, was man mit einem solchen Thema machen kann, wenn man über einen Bläser und ein Streichquartett verfügt, die das Thema mit funkelnden Verzierungen umranken können.

In seinen großen Symphonien hingegen hat sich Mozart, anders als Haydn, nie der Form der Variation bedient. Aber in seine fünf Klavierkonzerte und auch in das *Rondo für Klavier und Orchester* KV 382 hat er Variationen eingearbeitet. Das Rondo mit seinen lustlosen Variationen bestätigt zugegebenermaßen die schlimmsten Vorurteile meiner skeptischen Studentin. Doch wie anders verhält es sich mit dem Schlußsatz von KV 453. Mitten in diesem letzten Satz scheint Mozart zu vergessen, daß er Variationen komponiert, er gerät anschließend völlig außer sich und beendet das Konzert mit einem rauschenden, die Variationen übersteigenden, bukolischen Höhepunkt. Würde ein Skeptiker hieraus den Schluß ziehen, daß Variationen einschränken? Erst in dem Moment, als Mozart sich von ihrer Fessel befreit, steigt er in höchste Höhen.

Vielleicht war sich Mozart der möglichen Bedenken gegen Variationen bisweilen bewußt, denn im Mittelsatz von KV 456 verschleiert er, daß er eigentlich Variationen auf ein trauriges Thema schreibt. Die Melodie ist übrigens verwandt mit der Cavatina, in der Barbarina im *Figaro* den Verlust ihrer Nadel beklagt. Auch im Mittelsatz von KV 482 will er, beinahe noch geschickter als in KV 456, vor uns verheimlichen, daß er Variationen komponiert. Diese c-Moll-Variationen habe ich immer geliebt. Wie bezaubernd sie sind, und wie schlau verbirgt Mozart mit Hilfe von Flöte und Fagott, die so rührend miteinander Konversation betreiben, vor dem geneigten Ohr, daß er lediglich ein Thema variiert. Das war, wie uns vorhin schon Simon Vestdijk dargelegt hat, im letzten Satz von KV 491 nicht möglich, wo er dem Thema kaum etwas hinzufügen konnte. Vielleicht stimmt das; trotzdem möchte man dieses Thema am liebsten Tag und Nacht vor sich hin pfeifen, summen und leise vor sich hin singen, wenn man durch den Regen spaziert. Auch wenn es dabei leider etwas von seinem Glanz und seinem Zauber verliert, so möchte ich dennoch für kein Geld der Welt auf diese Variationen verzichten. Sie sind, zusammen mit denen aus KV 464, die schönsten, die Mozart je komponiert hat. Und wie phänomenal sie instrumentiert sind! All die herrlichen Bläserpartien.

Auch im letzten Satz des *Klaviertrios* KV 496 hat Mozart verschleiert, daß er variiert. Diesmal vermummt er das Thema als Rondothema, so daß es den Anschein hat, man lausche einem Rondofinale in der üblichen Form. Im Andante des *Streichtrios* KV 563 hingegen variiert er das Thema sogar so frei, daß es kaum noch als solches zu erkennen ist. Ganz anders im letzten Satz des *Streichquartetts* KV 421: Er streut dem Hörer keinen Sand in die Ohren, und er variiert auch nicht so frei wie in KV 563, und dennoch gehören diese Variationen zu seinen besten. Und das, obwohl ihm – anders als im *Divertimento* KV 334, wo er im Variationensatz die Hörner so wunderbar einsetzt – nicht einmal der sonore Klang des Kupfers zur Verfügung steht. Im *Duo* KV 424 hat er nur zwei Streicher, doch wie wunderschön sind die Variationen im letzten Satz – beinahe so schön wie die, mit denen er die *Bläserserenade* KV 388 beendet.

Natürlich hat er auch in seine sublime *Gran Partita* einen Variationensatz aufgenommen. Doch indem er den Variationen das beeindruckendste Adagio seines gesamten Œuvres vorausschickt, versieht er den Skeptiker mit Munition. Wozu noch Variationen nach einem solchen Adagio? könnte der Skeptiker sagen, und dann fällt es schwer, ihm zu widersprechen.

Mozarts allerschönste Variationen sind im *Streichquartett* KV 464 zu hören. Kein simples Thema diesmal, sondern eine herzergreifende Melodie. Und dann folgt gleich in der ersten Variation eine äußerst freie Bearbeitung des Themas in der Form eines Violinsolos, das sehr entfernt an die Violingirlanden in Beethovens *Frühlingssonate* erinnert. Jede Variation in diesem Stück ist ein kleines Wunder, eine

Kostprobe von Mozarts überragenden Fähigkeiten. In der 10. Variation hören wir wunderbar gewagt klopfende Baßtöne des Cellos und eine Atmosphäre, die bereits einige Takte aus Bruckners *Symphonie Nr. 7* anklingen läßt (Takt 229–233 im ersten Satz). Im nächsten Satz übernimmt die Viola das Klopfmotiv, während das großartige, unvergängliche Thema in den Takten 160 und 161 noch einmal gleichsam vom Himmel gepflückt wird. Das besorgt die erste Violine, die in Terzschritten aus der Höhe herabsteigt; anschließend kehrt das Thema in seiner ursprünglichen Form zurück, und mit den immer tiefer klopfenden Baßtönen des Cellos wird gefaßt und würdig Abschied genommen, als wollte Mozart uns sagen, daß ein Mensch zur Not auch aus eigener Kraft, jenseits von Gut und Böse, die Entfernung zwischen Himmel und Unterwelt überbrücken kann.

Postludium

Beethoven sagte zu seinem Schüler Czerny, Mozart habe mit dem *Streichquartett A-Dur* der Welt gesagt: »Seht, was ich machen könnte, wenn für euch die Zeit gekommen wäre!«

Bevor Mozart sein erstaunliches fugiert-chromatisches Finale komponierte, hatte er zunächst ein völlig anderes entworfen. Davon wurden immerhin 166 Takte für alle vier Stimmen geschrieben, und das Stück war demnach schon recht weit gediehen (zum Vergleich: das heutige Finale ist 262 Takte lang). Er legte es beiseite, weil er wahrscheinlich der Ansicht war, daß es hinsichtlich Atmosphäre und Aufbau dem Anfangssatz und dem Menuett zu sehr ähnelte. In der großen Mozart-Ausgabe von 1991 wurde dieses Finale mit anderen Fragmenten veröffentlicht, so daß man ein unbekanntes Stück Mozarts kennenlernen konnte, und zwar nicht einfach nur irgendein Stück von Mozart, sondern das ursprüngliche, beiseite gelegte Finale seines schönsten Streichquartetts. Es kann nicht an der Qualität der Musik gelegen haben, daß er das Stück nicht zu Ende komponierte. Diese 166 Takte sind eine ebensolche Offenbarung wie das publizierte Quartett. Erik Smith hat das umfangreiche Fragment später außergewöhnlich gelungen vollendet. Ich kann mich noch gut daran erinnern, welch ein Gefühl es 1991 war, nach fünfundzwanzig Jahren der Beschäftigung mit Mozart, in denen ich seine Werke in so vielen verschiedenen Aufführungen so oft gehört hatte, plötzlich so viel unbekannte Musik von Mozart dazuzubekommen.

Mozart für Anfänger

Wenn man einen Menschen für Mozart begeistern will, dann darf man ihm natürlich nicht die Variationen vorspielen, sondern man sollte zu den Klavierkonzerten greifen. An seinen Vater schrieb Mozart am 28. Dezember 1782: »... – nun fehlen noch 2 Concerten zu den suscriptions Concerten. – Die Concerten sind eben das Mittelding zwischen zu schwer, und zu leicht – sind sehr Brillant – angenehm in die Ohren – Natürlich, ohne in das leere zu fallen – hie und da – können auch kenner allein satisfaction erhalten – doch so – daß die nichtkenner damit zufrieden seyn müssen, ohne zu wissen warum.«

Auch Nichtkennern gefällt die Musik, und darum ist sie so gut dazu geeignet, empfängliche, aber unbeschriebene Seelen für Mozart zu gewinnen. Auch ich war seinerzeit ein solcher empfänglicher Nichtkenner, als das *Klavierkonzert Nr. 20* in Bomhoffs Zimmer einen so überwältigenden Eindruck auf mich machte. Waren Mozarts andere Klavierkonzerte auch so beeindruckend? Dem großen Moment vorgreifend, in dem ich mir einen Plattenspieler würde leisten können, legte ich mir, sobald der Ausverkauf lockte, blindlings die seltenen Aufnahmen von Mozarts Klavierkonzerten zu. Wenn ich eine neue Platte erworben hatte, wollte ich sie natürlich auch gern hören. Also radelte ich mit meinen Klavierkonzerten zu Kommilitonen, die im Besitz eines Plattenspielers waren, und hoffte, sie dazu überreden zu können, daß ich meine neue Mozart-Platte auflegen durfte.

Wieso fuhr er nicht zu Eduard Bomhoff, werden Sie sich fragen. Erfüllt von christlicher Nächstenliebe, hatte Bomhoff mich nach meinem Abfall vom Glauben wissen lassen, daß nun »leider keine Opfer auf dem Altar der Freundschaft mehr dargeboten werden« konnten. Darum wich ich zu weniger guten Freunden aus, die über einen primitiven Nadelkratzer, einen kleinen Verstärker und Lautsprecher verfügten. Leider hatten fast alle dieser weniger engen Freunde ihre Seele bereits an die Popmusik verkauft, so daß man, wenn man ihre Zimmer betrat, in denen ständig irgendwelche Platten liefen, mit Jeremia sagen konnte: »Man hört ein Geschrei zu Babel.« Trotzdem waren sie hin und wieder bereit, ein Klavierkonzert von Mozart zu ertragen. Voraussetzung allerdings war, daß ich mir auch ihre Platten anhörte, und so mußte ich, ehe ich in den Genuß von Mozart kam, immer erst das blöde Geblöke der Beatles, das pubertäre Geplärre von Elvis Presley und das rohe Geröchel der Rolling Stones über mich ergehen lassen. Unerwarteterweise profitierte ich davon auch noch: Nach diesem Geschrei zu Babel war Mozarts Musik jedesmal eine Offenbarung!

Die Evolution macht mitunter einen großen Schritt zurück. Nach dem äußerst komplexen Auge des Tintenfischs, das sich aus einer Einstülpung des Hautektoderms entwickelt, kommt das qualitativ sehr viel schlechtere Vertebratenauge, das aus Einstülpungen des Zwischenhirns entsteht. Gäbe es einen intelligenten Schöpfer, wäre es vollkommen unverständlich, warum jemand, der ein solches »Intelligent-design«-Auge für den Tintenfisch konstruiert, bei den Wirbeltieren wieder auf ein derart primitives Konzept zurückgreift. Auch die Kultur macht manchmal einen großen Schritt zurück. Obwohl es doch wirkliche, oder wie der Komponist Alexander Goehr es ausdrückt: legitime Musik gibt, macht man in der Popmusik einen großen Schritt zurück und tut so, als stünden wir ganz am Anfang der Entwicklung und trommelten in der afrikanischen Savanne noch mit Knüppeln auf Baumstämme.

Lehrreich war, wie die auf das Geschrei zu Babel versessenen Bekannten auf Mozart reagierten. Schon bald stellte sich heraus, daß sie für das *Klavierkonzert Nr. 21* besonders empfänglich waren. Der straffe Marschrhythmus, mit dem es anfängt, rief offenbar vage Erinnerungen an den Beat der Popmusik hervor. Wenn ich dann erzählte, daß am Ende der Orchestereinleitung erst die Oboe, dann das Fagott und anschließend die Flöte das Klavier anflehen einzustimmen, dann half das, so etwas wie Verständnis für wirkliche Musik zu wecken. Selbst dem langsamem Satz, der Lichtjahre vom Geschrei zu Babel entfernt ist, lauschten sie nicht ohne Wohlwollen, denn so verhärtet das Gemüt der Popliebhaber auch durch die Bank ist, sie können sich nur schwerlich dem Zauber entziehen, der von einer der reinsten musikalischen Äußerungen Mozarts ausgeht. Mit dem düsteren *Konzert c-Moll* aber brauchte man den Popliebhabern nicht zu kommen, und schon gar nicht mit dem majestätischen *Konzert C-Dur KV 503*, obwohl man manchmal in Fachzeitschriften liest, der Mittelsatz dieses Werks sei »jazzy«.

Mozart hat, angefangen mit KV 271, eine Reihe von atemberaubenden Meisterwerken geschaffen. Man könnte auch sagen: sich aus dem Ärmel geschüttelt, denn manchmal folgen sie so rasch aufeinander, daß man sich kaum vorstellen kann, wie ein Mensch binnen eines Monats (März 1786) zwei so unterschiedliche Werke wie KV 488 und KV 491 komponieren konnte. Auch im Winter 1782 oder im Frühjahr 1783 schrieb er drei Klavierkonzerte hintereinander, KV 413, KV 414 und KV 415, die den Auftakt zum großen Kreativitätsausbruch im Jahr 1784 bilden. Sie sind zwar nicht mit den Arbeiten aus jenem Jahr vergleichbar, doch KV 414 in A-Dur deutet bereits auf das Wunderwerk KV 488 in derselben Tonart hin. Die Klavierkonzerte KV 451, KV 453, KV 456 und KV 459 sind sehr eng miteinander verwandt. Sie beginnen alle mit der gleichen rhythmischen Formel: Mozarts Fingerabdruck, der auch in vielen anderen Werken zu finden ist. Alle vier sind im Jahr 1784 entstanden, und daher muß es uns nicht verwundern, wenn sie untereinander Ähnlichkeiten aufweisen. Aber KV 450 wurde eine Woche vor KV 451 geschrieben, und dennoch strahlt dieses Werk eine vollkommen andere Atmosphäre aus. Sogar KV 449 stammt aus dem Jahr 1784. Dieses *Konzert Es-Dur* ist ein unterschätztes Meisterwerk. Im ersten Satz hat es den Anschein, als beschwöre Mozart die Unruhe des Gemüts noch heftiger, zügelloser und launenhafter, als wir es von ihm gewohnt sind; im zweiten Satz könnte man hingegen meinen, er erteile eine Lektion in Kompositionslehre: Schaut mal, wie äußerst geschickt man mit der glänzenden Idee in der Sequenz, die von vielen Komponisten oft aus Bequemlichkeit dazu benutzt wird, um einen hübschen Einfall weiterzuspinnen, indem sie ihn einen Tonschritt höher wiederholen, auch umgehen kann. Eine einfallsreichere Sequenztechnik findet man bei Mozart nicht so leicht, und trotzdem stehen Mozart all die subtilen Sequenzen in erster Linie zur Verfügung, um ihn in die Lage zu versetzen, eine der ergreifendsten Melodien zu komponieren. (Selbst Bruckner, der auch oft auf schöne Weise Sequenzen verwendet – am geschicktesten im langsamen Satz der *Fünften* –, hat Mozart in dieser Hinsicht nie übertroffen.) Nach dem wunderschönen Mittelsatz folgt dann ein mannhaftes, sogar beinahe kriegerisches Finale. Auch wenn der Mittelsatz mit seinen ebenso einfachen wie herzergreifenden Variationen den kürzesten Weg zum Herzen des Hörers sucht, macht Mozart mit KV 450 für meinen Geschmack einen großen Schritt zurück. KV 451 erweist sich als Auftakt zu einer Reihe von vier herrlichen Stücken, deren erste Takte immer den gleichen Rhythmus haben. Von diesen Konzerten ist mir KV 453 das liebste. Welch ein brillanter Anfangssatz, man höre sich nur einmal an, wie die Fagotte wüten; es ist, als würden sich die Besen aus dem *Zauberlehrling* von Dukas bereits in den Kulissen der Zukunft warmlaufen. Und wie wunderschön der mittlere Satz ist – als sitze man an einem kristallklaren See, auf den das Streiflicht der späten Nachmittagssonne fällt. Auch in den Variationen des Finales ist Mozart, wie im vorigen Kapitel bereits erwähnt, ordentlich in Fahrt.

Nach der Serie im Jahr 1784 folgten im Jahr darauf drei ausgesprochen unterschiedliche Klavierkonzerte: KV 466, KV 467 und KV 482. Die ersten beiden entstanden kurz nacheinander im Februar und März. Auch hier wundert man sich, daß zwei so verschiedene Werke im Abstand von wenigen Wochen komponiert werden konnten. Bei KV 466 ist man, wenn die Romance beginnt, noch so beeindruckt vom Anfangssatz, daß es einem kaum auffällt, daß hier ordentliche Routine die Inspiration überwiegt. Und auch der Schlußsatz kann den überwältigenden Eindruck des ersten Satzes nicht auswischen. KV 467 steht in C-Dur, das merkwürdigerweise bei Mozart immer chamäleonhafte Züge hat. Wie anders klingt dieses C-Dur als das der *Jupiter-Symphonie* oder der *Symphonie* KV 338 oder des *Klavierkonzerts* KV 503. Hier strahlt C-Dur überhaupt nicht. Die marschartige Einleitung hat sogar etwas Düsteres, etwas Grimmiges. Das Es-Dur des nächsten *Konzerts*, KV 482, wiederum hat sehr viele Gemeinsamkeiten mit dem Es-Dur anderer Werke, ebenso wie der c-Moll-Mittelsatz sehr viel gemein hat mit dem c-Moll der seltenen, aber garantiert außergewöhnlichen Werke in c-Moll, allen voran die unvollendete *Messe* KV 427. KV 482 steht ein wenig im Schatten des *Klavierkonzerts C-Dur* KV 467, das ihm vorausgeht, und des Werkes, das folgt (*Klavierkonzert A-Dur* KV 488); aber nicht vergessen: Auch dies ist ein unvergängliches Meisterwerk.

Dennoch ist selbstverständlich KV 488 unübertroffen. Einmal stritt ich mich mit meiner Mutter. Ich sagte, die Engel im Himmel spielten bestimmt KV 488. Sie erwiderte, nichts auf Erden sei ohne Sünde, also auch die Musik Mozarts nicht, und deshalb werde auch kein Mozart im Himmel gespielt. Daß ich mich unter diesen Umständen nicht danach sehnte, in den Himmel zu kommen, behielt ich lieber für mich. Ich entgegnete, daß meiner Ansicht nach in KV 488 nicht die Spur von Sünde zu entdecken sei. Wenn es auf Erden überhaupt etwas gibt, das vollkommen ist, dann KV 488 von Mozart. Mehr noch: Die einfache Tatsache, daß ein sterblicher Mensch diese Musik komponieren konnte, nagt an meinem Unglauben. Wenn es überhaupt einen Beweis für die Existenz einer besseren Welt, die Existenz einer Art von Himmel gibt, dann dieses

Klavierkonzert von Mozart. Darin wird uns auf jeden Fall mehr »Wahrheit« offenbart als in allen Büchern der Bibel zusammen.

Der düstere Septimsprung (fis–e) in den Anfangstakten von KV 491 stellt den Menschen mit beiden Beinen wieder fest auf die Erde. Drückt dieser Septimsprung Verzweiflung aus, oder handelt es sich nur um einen bei Carl Philipp Emanuel Bach abgeguckten glänzenden Einfall? Wenn letzteres stimmt, dann hat Mozart mit dieser kühnen Septime dennoch ein Wunder vollbracht, von dem auch der zweite Sohn Bachs nie eine Ahnung hatte. Nach dem feurigen Pathos des ersten Satzes hatte Mozart offenbar das Bedürfnis nach einem lieblichen Mittelsatz, in dessen erstem Takt eine Variante der rhythmischen Figur auftaucht, mit der er die Konzerte KV 451, 453, 456 und 459 eröffnet hatte, so als wollte er, im Anschluß an die mutige Erkundung der finsteren c-Moll-Schatten im ersten Satz, kurz darauf zurückgreifen.

Als er KV 488 und KV 491 vollendete, arbeitete er bereits an der Komposition des *Figaro*. Mit der Arbeit an der Oper, die im April 1786 abgeschlossen war, hatte er vermutlich im Oktober des Vorjahres begonnen. Wenn er in der Zeit von Oktober 1785 bis April 1786 nur *Le nozze di Figaro* geschrieben hätte, dann müßte man es bereits als ein Wunder bezeichnen, daß ein solches Werk in so unglaublich kurzer Zeit entstehen konnte. Zwischendurch aber schrieb Mozart außerdem noch seine beiden schönsten Klavierkonzerte. Und das übersteigt wirklich jedes Vorstellungsvermögen.

Nach der Vollendung von KV 491 im März 1786 dauerte es rund acht Monate, bis Mozart im Dezember sein nächstes Klavierkonzert komponierte: KV 503. Auch dieses

Werk steht, ähnlich wie KV 482, ein wenig im Schatten von KV 488 und KV 491, aber das majestätische *Konzert C-Dur* gehört auf jeden Fall ins Scheinwerferlicht. Ein einmaliges Konzert, vollkommen anders als alle anderen Konzerte, aber dennoch perfekt. Der erste Satz, mit 432 Takten der längste Anfangssatz, den Mozart je komponiert hat, fegt mit seiner strahlenden Grandezza die Verzweiflung in KV 491 gleichsam beiseite; das Andante ist hier ganz gewiß kein liebliches Intermezzo zwischen großartigen Ecksätzen, sondern eine Exkursion in Regionen, die Mozart nie zuvor betreten hatte, und das Finale enthält eine seiner schönsten Melodien. Leider endet es eher schwach. Nach Ansicht von Cuthbert Girdlestone liegt das daran, daß Mozart bei der Vollendung dieses Konzerts bereits mit der Komposition der *Prager Symphonie* begonnen hatte. Fest steht: KV 503 und die *Prager* datieren vom 4. bzw. 6. Dezember 1786. Wer kann erklären, wie es möglich ist, daß zwei so unterschiedliche Meisterwerke so kurz nacheinander entstehen?

Die *Prager* greift auf KV 466 zurück. Erneut begegnen wir einem Eröffnungsthema mit synkopierten Tonwiederholungen auf d, so als wollte er, beinahe herausfordernd, sagen: Ich kann mich wiederholen, ohne mich zu wiederholen. Das Thema kommt übrigens schon in der *Symphonie g-Moll* KV 183 vor.

Im Abstand von mehreren Jahren folgen noch zwei weitere: das *Krönungskonzert* KV 537 im Februar 1788 und das *Konzert B-Dur* KV 595 im Januar 1791. Aber nach KV 503 ist es mit den Klavierkonzerten mehr oder weniger vorbei. Hin und wieder bricht noch jemand eine Lanze für das *Krönungskonzert*, aber schon die Tatsache, daß manche der Meinung sind, Geringschätzung sei hier fehl am Platz, deutet bereits darauf hin, daß Mozart hier nicht recht bei der Sache war. KV 595 ist mit seinem intimen Klang und seiner melancholischen Stimmung ein wunderschönes Stück, auch wenn niemand ernsthaft der Ansicht sein kann, es stehe auf dem gleichen Niveau wie KV 488 und KV 491.

Es wird gelegentlich die These vertreten, Mozart habe nach KV 503 mit dem Komponieren von Klavierkonzerten aufgehört, weil seine Popularität sank. Wahrscheinlicher aber ist, daß infolge des ungünstigen wirtschaftlichen Klimas in Österreich der Adel während der letzten Lebensjahre Mozarts weniger Geld für kulturelle Veranstaltungen ausgab. Oder verhält es sich möglicherweise so, daß nach den vielen Meisterwerken von KV 449 bis KV 503 die Komposition von Klavierkonzerten für Mozart keine Herausforderung mehr darstellte?

Zu der gewaltigen Reihe von Klavierkonzerten gibt es eines der besten, interessantesten und lehrreichsten Bücher über den Komponisten: *Mozart's Piano Concertos* von Cuthbert Girdlestone. Vestdijk sagt über dieses Buch: »Kennen Sie Girdlestone? Lesen Sie ihn nie Seite für Seite, ziehen Sie ihn aber immer zu Rate, denn er ist der zuverlässigste und detaillierteste Führer durch Mozarts Klavierkonzerte, den es je gegeben hat und wohl je geben wird. Sein Buch, gut 500 Seiten dick, stammt aus dem Jahr 1939, jedenfalls die französische Ausgabe; es gibt auch eine englische. Darin steht alles, und nicht nur das, es steht alles doppelt darin.« Als ich das Buch zu fassen bekam, habe ich es – gegen den Rat von Vestdijk – in einem Stück gelesen. Bedauert habe ich das nie. Seit sich die Ausgabe des Dover-Verlags mit dem Titel *Mozart and his Piano Concertos* in meinem Besitz befindet, nehme ich sie immer wieder zur Hand. Tatsächlich bespricht Girdlestone nicht nur die Klavierkonzerte ausführlich, sondern er geht auch kurz auf fast alle übrigen Kompositionen Mozarts ein. Es ist ein großartiges Buch: herausfordernd, anregend, provozierend, erhellend und zudem sehr persönlich. Wer sich mit Mozart beschäftigen will, kann sich für den Einstieg kein besseres Buch wünschen.

Postludium

Auch Mozart war bewußt, daß er Melomane mit Hilfe der Klavierkonzerte für seine Kunst begeistern konnte. Von 1782 bis 1786 dominiert dieses Genre sein Schaffen. Damit kam er bei den Wiener Musikliebhabern an, und in den goldenen Jahren verdiente er so viel Geld, daß er sich eine große Wohnung und eine Kutsche samt Pferd leisten konnte. Er kaufte auch einen teuren Billardtisch und wertvolle Musikinstrumente.

Trotzdem kann man sich, so gut ihn die Klavierkonzerte auch über die Jahre brachten, die Frage stellen, ob er sich nicht gleichzeitig danach sehnte, Opern zu komponieren. 1782 erwies sich die *Entführung* als Volltreffer, aber dennoch erhielt er keine Aufträge für neue Opern. Zwei Opernprojekte blieben Fragment: *L'oca del Cairo* und *Lo sposo deluso*. Ende 1785 leuchtet ein Licht, und im Frühling des folgenden Jahres vollendet Mozart *Le nozze di Figaro*. Meiner Meinung nach kann es sehr gut sein, daß mit dem *Figaro* ein Punkt hinter die Reihe von Klavierkonzerten gesetzt wurde. Der Oper gehörte Mozarts Herz, und nach *Le nozze di Figaro*, die ihm leicht von der Hand ging, wünschte er sich bestimmt nichts sehnlicher, als weitere Opern zu komponieren. Als nach dem Erfolg des *Figaro* in Prag tatsächlich der Auftrag für eine neue Oper von dort bei ihm eintraf, hat er sich folglich ohne Zögern auf den *Don Giovanni* gestürzt. Wenn er schon in der Zeit von 1782 bis 1786 mit Opernaufträgen verwöhnt worden wäre, würden wir heute vermutlich auf einige wunderbare Klavierkonzerte verzichten müssen und wären dafür aber auch um ein paar großartige Opern reicher.

Mozart und der Glaube

Kein anständiger Mensch kann Mitglied der römisch-katholischen Kirche sein. Die Ecclesia militans ist die älteste und größte Verbrecherorganisation der Welt. Mitleidlos hat die Inquisition Hussiten, Waldenser, Albigenser, Lutheraner, Zwinglianer und Kalvinisten verfolgt und verbrannt. Zwei Jahrhunderte lang wurden Tausende von unschuldigen Frauen, darunter auch die Urgroßmutter Beethovens, wegen Hexerei auf dem Scheiterhaufen verbrannt. Zwei Jahrtausende lang hat die Mutterkirche einen glühenden Antisemitismus gepredigt. Es kann kein Zufall sein, daß fast alle Nazi-Größen von Hause aus römisch-katholisch waren. Friedrich Heer berichtet in seinem Buch *Der Glaube des Adolf Hitler* aus dem Jahr 1968, daß der Führer bis zum Ende seines Lebens Kirchensteuer gezahlt hat.

Auch Mozart – ich muß jedesmal wieder kurz schlucken, wenn ich daran denke – war Mitglied dieser erlesenen Versammlung von Henkern und Halunken. Wenn man seine Briefe liest, merkt man allerdings wenig davon. Besonders groß kann sein Glaube nicht gewesen sein. In den Briefen erwähnt er zwar regelmäßig, daß er zu Gott betet, doch von Jesus C. redet er nie, und Greuelwörter wie Sünde, Erlösung, Versöhnung, Gnade, Bund und Sühneopfer findet man nirgendwo. Anders als Bruckner war er bestimmt kein gottesfürchtiger Katholik. Am 21. März 1783 schrieb er an seinen Vater: »Ein Pfaff ist zu allem fähig.« Außerdem ist er am 14. Dezember 1784 der Freimaurerloge »Zur Wohltätigkeit« beigetreten, einer Organisation, die von der Kirche abgelehnt wurde. Bereits 1738 hatte Papst Klemens XII. die Freimaurer scharf verurteilt.

Zwischen 1768 und 1780 komponierte Mozart sechzehn Messen mit oft ungewöhnlichen Beinamen, doch sie sind glücklicherweise keine sublimen Meisterwerke, sondern eher Pflichtübungen, auch wenn man vor allem in den Messen seiner Jugendzeit, vom chromatischen »Benedictus« aus der *Messe d-Moll* KV 65 bis hin zum »Agnus Dei« der *Krönungsmesse* KV 317 einzelne Takte und manchmal sogar ganze Sätze findet, in denen sein Genie aufblitzt. In der strengen, unwirschen, manchmal beinahe grimmigen *Messe* KV 337 hat es bereits den Anschein, als wollte Mozart es der katholischen Kirche mal so richtig zeigen; danach hat er nie wieder eine Messe vollendet. Er hatte sich als Komponist wohl auch in eine Position gebracht, in der es keine große Nachfrage nach Messen von seiner Hand gab. Bei den wenigen kirchenmusikalischen Werken, die er nach 1780 in Angriff nahm, blieb er mittendrin oder gar schon am Anfang (KV 341) stecken, als gäbe es doch irgendwelche Widerstände gegen die Kirche, die er letztendlich nicht überwinden konnte.

Man kann nur vermuten, warum er sein größtes kirchenmusikalisches Meisterwerk, die *Messe c-Moll* KV 427, nie vollendet hat. Es hatte etwas mit einem Versprechen zu tun, mit Constanze, mit dem schwierigen Verhältnis zu seinem Vater, der Constanze nicht wohlgesinnt war, und am Ende vielleicht auch mit der Institution, für welche die Messe bestimmt war. Zwei Drittel des »Credos« und das »Agnus Dei« fehlen, aber dennoch: Das Werk, »unvollendet, wie es ist, wiegt alle vollendeten Messen Mozarts und mehr noch auf«, wie Girdlestone in seinem Buch über Mozarts Klavierkonzerte urteilt. In einer englischen Fernsehserie wurde die Orchestereinleitung des »Credo« einmal als Titelmusik verwendet, und jedesmal, wenn eine neue Folge der Serie ausgestrahlt wurde, schaltete ich den Fernseher an, um die Melodie zu hören. Und das, obwohl ich von dieser Messe eine ganze Reihe von Aufnahmen besitze, so daß ich mir das »Credo« zu jeder beliebigen Zeit hätte anhören können. Trotzdem war dieses Stück von Mozart als Titelmusik einer Fernsehserie über einen Premierminister für mich eine Offenbarung. Die Musik paßte perfekt zu der Geschichte über einen mächtigen Mann, einen Gott beinahe, der vom Thron stürzt. Indem er acht Sätze seines Werkes für das Oratorium *Davidde penitente* benutzte, gelang es Mozart über einen Umweg, dem Werk eine Bestimmung zu geben. Aber die beiden Arien, die er hinzukomponierte, haben nicht die Kraft des ursprünglichen Werkes, und die Musik der Messe paßt einfach nicht zum Text des Oratoriums, so daß »der Gesamteindruck eher einem großen Tänzer ähnelt, der in schlechtsitzenden Second-hand-Kleidern liebreizende Sprünge macht«, wie Neal Zaslaw in seinem Buch *The Compleat Mozart* meint. Maynard Solomon sagt sogar, die Messe sei »ein nicht verwirklichtes Meisterwerk, das allerdings einige Jahre später erfolgreich ausgeschlachtet wurde, indem seine Musik in einer zweitrangigen Kantate, *Davidde penitente*, KV 469, Verwendung fand«.

Wer mir nüchtern entgegenhalten will, Mozart habe auch das Singspiel *Zaide* und die Opern *L'oca del Cairo* und *Lo sposo deluso* nicht vollendet, und daraus könne man überhaupt nicht den Schluß ziehen, er habe sein Interesse für das Musiktheater verloren, dem erwidere ich: Stimmt, viele Werke Mozarts blieben unvollendet – es gibt nicht weniger als hundertfünfzig Fragmente –, und deshalb muß man mit Schlußfolgerungen vorsichtig sein. Aber für das Theater kann man sagen: Viele andere Opern wurden vollendet, während Mozart, wenn man von dem kurzen *Ave verum* einmal absieht, nach 1780 kein kirchenmusikalisches Werk mehr zu Ende gebracht hat.

Mozart hat einmal gesagt, sein Vater komme gleich nach Gott. Als sein Vater ihn fallen ließ, weil er Constanze geheiratet hatte (oder ließ vielleicht Mozart seinen Vater fallen, als er Constanze ehelichte), verschwand auch derjenige aus Mozarts Blickfeld, der so nah bei seinem Vater gestanden hatte. Von einer Vollendung der *Messe c-Moll* konnte deshalb nach dem letzten Besuch mit Constanze in Salzburg, der die Versöhnung mit seinem Vater herbeiführen sollte, aber erfolglos blieb, keine Rede mehr sein.

Auch ein anderes kirchenmusikalisches Werk blieb unvollendet, das *Kyrie d-Moll* KV 341. Lange Zeit ging man davon aus, daß Mozart dieses Stück während der Zeit der *Idomeneo*-Aufführungen in München komponiert hat. Deshalb trägt es in der älteren Mozart-Literatur auch den Namen »Münchener Kyrie«. Alan Tyson hat aber nachgewiesen, daß das Papier, worauf Mozart dieses einzelne *Kyrie* komponierte, aus späterer Zeit stammt, und nun geht man davon aus, daß es zu Zeiten des *Don Giovanni* oder gar noch später entstanden ist. So viel steht fest: Dieses einzelne *Kyrie d-Moll* ist eine meisterhafte Komposition. Großartig, düster, beinahe schmerzlich wie alle Werke Mozarts in d-Moll. Sollte das *Kyrie* der erste Satz einer großen Messe in d-Moll werden? Das weiß niemand. Von Jubel, Freude, Erlösung, Glück ist in dieser Musik jedenfalls nichts zu spüren. Es ist, als wollte Mozart mit diesem atemberaubenden Werk sagen: Mach dich klein, versteck dich vor dem Herrscher, den ich hier in d-Moll anrufe. In seinem Buch *W. A. Mozart – eine theologische Deutung* ruft Karl Hammer im Zusammenhang mit diesem *Kyrie* aus: »Ist Mozarts Glaube 1781 in eine Krise geraten?« Das d-Moll des *Kyrie* färbt auch den magischen Anfang des *Requiems*. Vom jubelnden D-Dur der *Litaniae Lauretanae* KV 195 mit seinem herrlichen »Agnus Dei« haben wir uns mit diesem tragischen d-Moll weit entfernt.

In zwei Opern spielen andere Götter als Jahwe eine Rolle, den die Papisten dem Volk Israel abgeluchst haben: Poseidon im *Idomeneo* und Isis und Osiris in der *Zauberflöte*. Man beachte, wie im *Idomeneo* die Rolle des Poseidon mit dem Vater-Sohn-Verhältnis in der Oper verknüpft ist. Poseidon zwingt den Vater, zugunsten seines Sohnes, den er aufgrund eines Schwurs meinte umbringen zu müssen, auf den Thron zu verzichten. Als Mozart den *Idomeneo* schrieb, hatte er sich noch nicht mit seinem Vater zerstritten. Als er *Die Zauberflöte* komponierte, war sein Vater bereits einige Jahre tot, und die im Laufe der Zeit verschwommen gewordene Vaterfiguren (= Götter) sind kaum noch angsteinflößend. Sowohl im *Idomeneo* als auch in der *Zauberflöte* inspiriert das Auftreten der Götter Mozart ganz offenbar zu grandioser Musik, doch welch ein Unterschied herrscht zwischen der Angstmusik für Poseidon und der lieblichen Wundermusik für Isis und Osiris! Welch ein Unterschied besteht auch zwischen dem schmerzlichen *Kyrie d-Moll* und dem erhabenen *Ave verum*. Natürlich konnte Mozart ein solches *Ave verum* komponieren, denn darin kommt kein Vater vor, und das Leiden des Sohnes steht im Mittelpunkt.

Übrigens sagt Hildesheimer ganz zu Recht, daß es zumindest gewagt erscheint, »auch bei diesem Werk von religiöser Inbrunst zu sprechen«. Mozart hat diese Motette innerhalb weniger Stunden ohne eine einzige Durchstreichung oder Korrektur niedergeschrieben.

In der dem Gedankengut der Freimaurer nahestehenden *Kleinen deutschen Kantate* KV 619 heißt es sogar: »Die ihr des unermeßlichen Weltalls Schöpfer ehrt. Jehova nennt ihn, oder Gott, nennt Fu ihn, oder Brahma.«

Man fragt sich, wie Mozart sich weiterentwickelt hätte, wäre er nicht so früh gestorben. Hätte er vielleicht doch irgendwann die *Messe c-Moll* vollenden und das *Kyrie d-Moll* zu einer großen Messe in ebendieser Tonart ausarbeiten können? Oder hätte sich die Gottesverdunklung, die möglicherweise viel mit der Entfremdung zwischen Vater und Sohn nach dem letzten Besuch in Salzburg zu tun hatte, nie wieder gelichtet? Auch Mozarts Freimaurerkompositionen geben darüber keinen Aufschluß. Diese Werke gehören, mit einer Ausnahme, nicht zum Besten, was er geschrieben hat, es sei denn, man betrachtet auch *Die Zauberflöte* als Freimaurermusik. Alle echten Freimaurerwerke – die Kantate *Dir, Seele des Weltalls* KV 429, das *Lied zur Gesellenreise* KV 468, die Kantate *Die Maurerfreude* KV 471, die Lieder KV 483 und KV 484, die *Kleine deutsche Kantate* KV 619 und die *Freimaurerkantate* (»Laut verkünde unsre Freude«, KV 623) – klingen alle flach, regelrecht unpersönlich, als habe Mozart, der doch ein treues Mitglied seiner Loge war, keine engere Verbindung zur Freimaurerei. Nur die *Maurerische Trauermusik* KV 477 präsentiert uns den echten Mozart (es handelt sich übrigens um die zweite Version des Stückes, die erste hat einen Männerchor), aber selbst diese glänzende Todesmusik hat etwas Unpersönliches, Übermenschliches. Ein Page, der sich verliebt, ein Mädchen, das ihre Nadel verloren hat, und eine Gräfin, die ihrem Mann verzeiht, inspirierten ihn tausendmal mehr als jedwedes Credo.

Postludium

Nur ein einziges Buch beschäftigt sich mit Mozarts »Frömmigkeit und Jenseitsglaube«: Band 3 der *Basler Studien zur historischen und systematischen Theologie*. Er stammt von Karl Hammer und hat den Titel *W. A. Mozart – eine theologische Deutung*; der Untertitel lautet *Ein Beitrag zur theologischen Anthropologie*. Das Buch hat 443 Seiten und ist 1964 erschienen. Es wird nie zitiert. Offenbar nehmen andere Mozart-Forscher es nicht zur Kenntnis. Wenn sie überhaupt von seiner Existenz wissen, denken sie bestimmt: Was soll bei einer »theologischen Deutung« Mozarts schon herauskommen?

Ich habe dieses Buch in der Hoffnung gelesen, darin mehr über Leopold Mozarts Antipapismus zu erfahren, der so deutlich aus seinen Briefen hervorgeht, und über den Antipapismus von Mozart selbst, den man auch in dessen Briefen spüren kann. Wie paßte dieser Antipapismus zu der Tatsache, daß Leopold Mozart seinem Sohn andererseits ans Herz legt, in die Kirche zu gehen und vor allem zu beichten. War Mozart ein treuer Kirchenbesucher? Es sieht nicht danach aus. Er berichtet nie darüber.

Aber das umfangreiche Werk Hammers gibt auf all diese Fragen keine Antwort. Im Gegenteil, hinter der Maske einer theologischen Studie verbirgt sich eine durch und durch gediegene, umfassende Arbeit über Mozarts Gesamtwerk (inklusive der doch vollkommen unkirchlichen Opern), wobei er besonders auf die Verwendung der unterschiedlichen Tonarten eingeht. Erst auf Seite 355 sagt Hammer: »In einer theologischen Abhandlung über Mozart kann ein Abschnitt über Mozarts Glaube, seine Frömmigkeit und dergleichen nicht fehlen. Man mag sich fragen, warum er nicht im Ganzen dieser Arbeit einen breiteren Raum einnimmt.« Mit diesen Worten entschuldigt Hammer sich auf fast schon naive Weise dafür, daß er erst im letzten Viertel seines Buches auf »Mozarts Jenseitsglauben« zu sprechen kommt. Etwas weiter unten wird dann deutlich, warum es so wenig über Mozarts Frömmigkeit zu sagen gibt: Das Ringen mit einem verborgenen Gott fehlt bei Mozart, es spielt keine Rolle. Voller Bekümmerung stellt Hammer fest, daß Mozart kein metaphysisches Schuldbewußtsein hat, nie verspürt er das Bedürfnis nach einem Erlöser oder den Wunsch, den Messias anzurufen. Warum nicht? Weil für Mozart, so Hammer, alles ganz selbstverständlich und Teil seines »nicht anders als kindlich zu bezeichnenden Gottvertrauens« war, daß es gar nicht erwähnt werden mußte. Auf diese Weise kann man sich als Theologe immer aus einer schwierigen Lage befreien. Der Glaube ist so tief verankert, daß er nie an die Oberfläche kommt.

Sehr unterhaltsam ist, was Hammer über die Kirchenarie *Kommt her, ihr frechen Sünder* KV 146 schreibt. Während Karl Gustav Fellerer, der ein Buch über Mozarts Kirchenmusik veröffentlicht hat, es zweifelhaft findet, daß Mozart solch einen Text über unverschämte Sünder mit lieblicher, beinahe anmutiger Musik versehen hat, sieht Hammer darin überhaupt kein Problem: »Es ist ja schließlich das überaus freundliche Angebot der göttlichen Gnade und nicht die sie begründende menschliche Schuld, was hier Ausdruck finden soll.«

Ach, ein Theologe muß sich nun mal wider besseres Wissen bemühen, all den possierlichen Unsinn über die dubiose Firma Gott & Sohn an den Mann zu bringen. Außerdem sah Hammer sich hier vor die Aufgabe gestellt, etwas plausibel zu machen – nämlich daß man bei Mozart sehr wohl von einem kindlichen »Jenseitsglauben« sprechen kann –, worauf es, sosehr Hammer sich das auch ganz offensichtlich wünscht, in den erhalten gebliebenen Briefen keinerlei Hinweis gibt. Weil der Autor aber von aufrichtiger, tiefer Liebe zu Mozart beseelt ist und dessen Werk durch und durch kennt, ist es ihm dennoch gelungen, ein meisterliches Buch zu schreiben, das zu Unrecht von allen anderen Mozart-Spezialisten links liegengelassen wird. Dieses Schicksal teilt Hammer in gewisser Weise mit dem Franzosen Jean-Victor Hocquard. Dessen Buch *La Pensée de Mozart* wird auch selten zitiert (weil es auf Französisch geschrieben ist und all die englischen und deutschen Mozart-Fachleute diese Sprache nicht beherrschen?), obwohl es mindestens so wertvoll ist wie der Band von Girdlestone. Von Girdlestones in Frankreich erschienenem Buch gibt es jedoch eine englische Übersetzung, von Hocquards Buch nicht.

Die Symphonien

Einundvierzig Symphonien, nicht einmal halb soviel, wie Joseph Haydn geschrieben hat, der im übrigen auch doppelt so alt wie Mozart wurde. Trotzdem: Welch eine beeindruckende Zahl! Man vergleiche Mozart nur einmal mit all den späteren Komponisten wie Beethoven, Schubert, Dvořák, Bruckner, Vaughan Williams, Mahler, die üblicherweise nur neun Symphonien komponiert haben. Trotzdem vermittelt die Zahl 41 einen falschen Eindruck. So gibt es zum Beispiel die *Symphonie Nr. 37* gar nicht (und auch die zweite, dritte und elfte fehlen). KV 425, die *Linzer Symphonie*, ist Nr. 36, KV 504, die *Prager Symphonie*, ist Nr. 38, aber die *Symphonie Nr. 37* fehlt. Seinerzeit, als ich anfing, mich mit Mozart zu beschäftigen, gelang es mir nicht herauszufinden, warum Schallplattengeschäfte die *Symphonie Nr. 37* nie im Angebot hatten. Ich erkundigte mich bei den Verkäufern, und die sagten: Aber natürlich, die haben wir vorrätig. Daraufhin eilten sie zu ihrem überbordenden Plattenregal, um die gewünschte Symphonie hervorzuzaubern. Jedesmal kamen sie mit leeren Händen wieder und boten mir an, die Platte zu bestellen. Wenn ich sie dann bestellte, hörte ich nie wieder etwas von dem Geschäft. Die Nummer 37 schien eine Phantomsymphonie zu sein. Schließlich fand ich heraus, daß Mozart zu einer Symphonie seines Kollegen Michael Haydn eine langsame Einleitung komponiert hat, die im Köchelverzeichnis unter den Nummer 444 geführt wird. Wieso tat er das? War er der Ansicht, daß der Symphonie eine langsame Einleitung fehlte? Und warum wurde die langsame Einleitung gelegentlich als Mozarts *Symphonie Nr. 37* bezeichnet?

Nach Mozarts Tod fand man in seinem Nachlaß das Manuskript einer Symphonie; es enthielt eine langsame Einleitung, ein Allegro und ein halbes Andante in seiner Handschrift. Die andere Hälfte des Andante war von anderer Hand geschrieben, ebenso wie das Menuett samt Trio und das Finale. Das Werk wurde als *Symphonie Nr. 37* Mozarts ins Köchelverzeichnis aufgenommen, und erst zu Beginn des vorigen Jahrhunderts wurde bekannt, daß sie von Michael Haydn stammt. Zunächst hatte man auch geglaubt, die langsame Einleitung sei zur selben Zeit wie die *Linzer Symphonie* komponiert worden, vielleicht sogar während der Fahrt von Salzburg nach Wien. Alan Tyson hat jedoch gezeigt, daß dies ausgeschlossen ist. Für die langsame Einleitung hat Mozart anderes Papier als für die *Linzer* verwendet.

Eine Symphonie können wir also streichen, und es bleiben nur noch vierzig übrig. Nicht weniger als Dreiviertel davon hat er komponiert, als er noch keine zwanzig war. Darunter befinden sich viele sehr frühe, sehr kurze Werke des acht- und neunjährigen Mozart, bei denen ihm sein Vater Leopold hier und da helfend zur Seite gestanden haben wird. Als vollwertige Symphonien kann man sie kaum bezeichnen.

Wie wäre es, wenn wir nun in Anlehnung an das, was man bei der Numerierung von Bruckners Symphonien gemacht hat, die erste Symphonie, in der sich plötzlich Mozarts Genie zeigt, die Nullte nennen und die eigentliche Zählung mit dem ersten Meisterwerk, der kleinen *Symphonie g-Moll* KV 183 beginnen ließen? Als zweite vollwertige Symphonie können wir dann KV 201 (in A-Dur) in unsere Liste aufnehmen, das Wunderwerk eines gerade Achtzehnjährigen. Man achte darauf, wie Mozart hier mit einem Oktavsprung und Wiederholungstönen ein einmaliges Hauptthema kreiert, das erst zusammen mit der ebenso einmaligen Gegenstimme – es scheint, als ermahne die gutmütige Gegenstimme das unruhige Hauptthema, unbedingt etwas gegen die Nervosität zu tun – seine schwindelerregenden Möglichkeiten in voller Pracht entfalten kann, um so, von derart einfachen Prämissen ausgehend, einen ganzen Satz aufblühen zu lassen. Im langsamen Satz berührt uns die warmblütige Melodik, die an das Adagio aus der *Toccata und Fuge C-Dur* von Bach erinnert. Mozart hat dieses Adagio bestimmt nie gehört, sondern er kam von ganz allein auf die Idee, eine so wunderschöne Melodie mit punktiertem Rhythmus zu komponieren. Dann folgt das eckig wirkende Menuett, das wie ein Marionettentanz klingt. Doch wie schön ist dieser Satz, ebenso wie das ungestüme, selbstsichere Finale.

Als dritte vollwertige Symphonie würde ich KV 338 in die Liste aufnehmen wollen. Dieses überragende Meisterwerk stammt aus der geheimnisvollen, stillen Zeit, die Mozart zwischen seiner erfolglosen Parisreise und der Uraufführung des *Idomeneo* in München (von wo er dann schließlich nach Wien floh) in Salzburg verbrachte.

Das vierte Meisterwerk ist natürlich die *Haffner-Symphonie* KV 385. Als Mozart dieses Werk schrieb, hatte er sich bereits in der österreichischen Hauptstadt etabliert. Er war dabei, das Singspiel *Die Entführung aus dem Serail* zu schreiben, das dort für großes Aufsehen sorgen sollte. Außerdem wollte er Constanze heiraten, und auch eine Bearbeitung seiner Opernmusik für Bläser sollte so schnell wie möglich fertig werden. Dennoch drängte sein Vater ihn, anläßlich einer Zeremonie in Salzburg, bei der sein Jugendfreund Sigmund Haffner ausgezeichnet werden sollte, eine Symphonie zu schreiben. Auf die Bitte seines Vaters hin antwortet Mozart: »Nun habe ich keine geringe arbeit. – bis Sonntag acht tag muß meine opera auf die harmonie gesetzt seyn – sonst kommt mir einer bevor – und hat anstatt meiner den Profit davon; und soll nun eine Neue Synphonie auch machen! – wie wird das möglich seyn!« Aber: Es war sein allmächtiger Vater, der diese Bitte äußerte, ihm konnte Mozart nichts abschlagen, und darum schrieb er: »Je nun, ich muß die Nacht dazu nehmen, anderst kann es nicht gehen – und ihnen, mein liebster vatter, sey es aufgeopfert. – sie sollen alle posttage sicher etwas bekommen – und ich werde so viel möglich geschwind arbeiten – und so viel es die Eile zulässt – gut schreiben.«

Und so wurde in der knappen Zeit zwischen allen anderen Aktivitäten die *Haffner-Symphonie* geschrieben. Am 16. Juli 1782 hatte die Uraufführung der *Entführung aus dem Serail* stattgefunden, in der Woche darauf zog Mozart um, wiederum eine Woche später schrieb Mozart seinem Vater, er könne vorerst leider nur das Allegro der Symphonie schicken, denn er habe zwischendurch in aller Eile außerdem noch eine Serenade komponieren müssen (wir wissen nicht, um welche es sich dabei handelte, möglicherweise KV 375). Er verspricht seinem Vater, die fehlenden Sätze mit dem nächsten Brief zu schicken, dem er dann zusätzlich noch einen Marsch beilegt. Um seinen Vater noch versöhnlicher zu stimmen, berichtet er, daß er das Werk in dessen Lieblingstonart, D-Dur, komponiert habe.

Am 29. Juli wird Sigmund Haffner in den Adelsstand erhoben und darf fortan den Zusatz »Von Imbachhausen« hinter seinen Namen führen, doch auch mit der nächsten Post kann Mozart die Symphonie nicht schicken. Am 4. August heiratet Mozart Constanze Weber, und kurze Zeit danach hat er seinem Vater die Partitur zukommen lassen. Die *Symphonie* wurde dann im Rahmen der Haffner-Feierlichkeiten in Salzburg uraufgeführt; Mozart selbst blieb in Wien. Vater Mozart war mit der Symphonie sehr zufrieden, und wir sind es auch, denn sie ist, so schwierig die Umstände ihrer Entstehung auch waren, ein Juwel. Weil sie für Salzburg bestimmt war, hat Mozart sie vielleicht sogar widerwillig geschrieben, so wie er später auch nur widerwillig seine Werke für eine mechanische Orgel in einem Uhrwerk komponieren sollte. Dem Werk ist das jedoch nicht anzumerken, auch wenn das Hauptthema des ersten Satzes mit seinem großen Intervallsprung nach oben etwas Widerspenstiges oder gar Nachtragendes hat. Im vierten Takt taucht der für Mozart typische Rhythmus auf. Im langsamen Satz folgen gleich nach dem ersten Doppelstrich sechs Takte, in denen es scheint, als unterbreche Mozart seine Ausführungen kurz, um seinen Vater um das Einverständnis zu seiner Heirat mit Constanze zu bitten. Diese sechs Takte liebe ich.

Mozarts fünftes symphonisches Meisterwerk ist die *Linzer Symphonie* KV 425. Auch dieses Werk ist im Schatten des allmächtigen, gleich nach Gott kommenden Vaters in Salzburg entstanden. Mozart und Constanze besuchten Vater Leopold und Schwester Nannerl im Sommer 1783.

Von Ende Juli bis Ende Oktober blieben die beiden in Salzburg. Wie es aussieht, waren weder Vater noch Schwester besonders angetan von Constanze, so daß der dreimonatige Besuch wohl nicht sehr angenehm verlaufen sein wird. Auf der Rückreise nach Wien kam das junge Paar durch Linz, wo Mozart am 4. November ein Konzert gab. Weil er keine Symphonie dabeihatte, komponierte er zwischen dem 30. Oktober und dem 4. November schnell eine neue. Man fragt sich, ob er nicht einfach eine andere Symphonie, zum Beispiel die *Haffner*, aus dem Gedächtnis hätte aufschreiben können; aber vielleicht fand er es schöner, eine neue Symphonie zu komponieren, als eine alte aus dem Gedächtnis zu reproduzieren. Ich erinnere mich noch gut an eine Begegnung mit Tristan Keuris, bei der wir auch auf die *Linzer* zu sprechen kamen. »Mozart mußte natürlich unbedingt innerhalb von vier Tagen eine neue Symphonie komponieren«, höhnte Keuris. Ich kann mir gut vorstellen, daß man als Komponist neidisch wird, wenn man sich vorstellt, daß ein so unscheinbarer kleiner Kerl in so erschreckend kurzer Zeit einfach eine neue Symphonie aus dem Ärmel schüttelt, während man selbst beim Komponieren alles geben muß. Keuris war der Meinung, die *Linzer* tauge darum auch nicht viel, aber dem habe ich heftig widersprochen. Auf die *Linzer* fällt immer der Schatten ihrer Entstehungsgeschichte. Viele neigen zu der Ansicht, ein Werk, das in so kurzer Zeit entstanden ist, könne nicht besonders gut sein. Nichts ist weniger wahr. Die *Linzer* ist ein überragendes Meisterwerk. Sie hat eine großartige langsame Einleitung (sie ist überhaupt die erste Symphonie mit einer langsamen Einleitung), ein herrliches Allegro spiritoso, ein wunderschönes Andante, ein recht konventionelles, aber dennoch schönes Menuett und ein großartiges Finale. Zu Recht schreibt Neal Zaslaw: »Der großangelegte erste Satz, seine vollkommen ausgewogene Form, die geschickte Instrumentierung – nichts deutete auch nur im entferntesten auf die große Eile hin, in der dieses Werk entstanden ist.« Im Andante beeindrucken der ungewöhnliche Trompetenklang und das ebenso ungewöhnliche Schlagzeug. Mozart mochte Trompeten nicht, doch hier setzt er sie so atemberaubend gekonnt ein, daß Beethoven, als er seine *Symphonie Nr. 1* komponierte, sehr genau studierte, wie Mozart in diesem Andante mit Trompeten und Schlagzeug triumphierte. Beethoven hätte sicher nicht verächtlich gesagt: »Mozart mußte natürlich unbedingt innerhalb von vier Tagen eine neue Symphonie komponieren.«

Nach der *Linzer* folgte als sechstes Meisterwerk erneut eine Symphonie, die den Namen einer Stadt trägt, die *Prager Symphonie* KV 504. Über dieses Werk sagt H. C. Robbins Landon: »Viele Fachkundige sehen den ersten Satz als Mozarts großartigsten symphonischen Satz an.« Nun bin ich kein Fachkundiger, aber dennoch vertrete ich die gleiche Meinung, füge aber gleich hinzu: Auch den langsamen Satz und das wunderbare Finale betrachte ich als unvergleichliche symphonische Sätze in Mozarts Œuvre. Die *Prager* mit ihrer wunderschönen langsamen Einleitung und ihrem wirbelnden Finale ist, auch wenn das Menuett fehlt, die Symphonie, welche den höchsten Grad von Vollkommenheit erreicht.

Die letzten drei Symphonien, die innerhalb von kaum drei Monaten im Sommer 1788 entstanden sind, als Mozart seinen Logenbruder Puchberg um Geld bitten mußte, erhalten in unserer Zählung natürlich die Nummern sieben, acht und neun, so daß auch Mozart auf haargenau neun Symphonien kommt, genau wie – damit es übersichtlich bleibt – Beethoven, Bruckner und Mahler. Niemand weiß, warum Mozart im Sommer 1788 gleich drei Symphonien geschrieben hat. Es gibt Vermutungen. Er plante Konzerte, um seine finanziellen Schwierigkeiten in den Griff zu bekommen. Waren sie dafür bestimmt? Das ist gut möglich, obwohl es auch dann noch verwunderlich ist, daß er gleich drei davon geschrieben hat. Schließlich hat Mozart, wenn man einmal von seinen Jugendjahren absieht, nie mehrere Symphonien hintereinander komponiert. Unbegreiflich ist auch, daß jemand, obwohl er in finanziellen Schwierigkeiten steckt und es ihm auch sonst nicht gutgeht – und das war im Sommer 1788 bei Mozart der Fall –, ein so heiteres, warmes, sanftes, liebliches Werk wie KV 543 komponieren kann. Im Finale taucht sogar der ungestüme Übermut wieder auf, wenn auch weniger rauschend als im Finale von KV 338.

Daß es Mozart im Sommer 1788 schlechtging, hört man in KV 550 nur allzu deutlich, aber in der *Jupiter-Symphonie* KV 551 scheint sich der Himmel wieder aufgeklart zu haben.

Postludium

Um auf die herrlich übersichtliche Zahl von neun Symphonien zu kommen, mußte ich allerdings einige sehr schöne Werke überspringen. Da wäre zunächst einmal die *Symphonie C-Dur* KV 200. In seiner Mozart-Biographie aus dem Jahr 1999 (was soll eine so umfangreiche und zudem so schwierig geschriebene Mozart-Biographie, wenn bereits kurz vorher eine ebenso umfangreiche, viel besser lesbare von Maynard Solomon erschienen ist?) sagt Robert W. Gutman: »KV 200 ist eine der schönsten Kompositionen dieser Zeit, die Mozarts Jugend mit seinen frühen Erwachsenenjahren verbindet. Die Kleine g-Moll-Sinfonie erzählt eine Geschichte von schneidender Verzweiflung, von der schwermütigen, wenn auch impulsiven Seite des Sturm und Drang; eine Qual, deren Auflösung sie nicht ausschließt, wohnt der Sinfonie in A-Dur inne; während die Sinfonie in C-Dur, von Melancholie durchwoben und aufs Feinste vollendet, die Stimmungen, Gesten und Manieriertheiten des Sturm und Drang in wehmütige, intime Erinnerungen auflöst; sie hallen in ihren zerbrechlicheren Motiven nach, welche die Leidenschaften vielmehr zurückrufen als preisen und die meisterhafte Balance zum Ausdruck bringen, die das Wesen Mozartscher Kunst werden sollte.«

Ob dies »das Wesen Mozartscher Kunst« darstellt, das ist noch die Frage. Dann würden ja alle Werke wegfallen, in denen dieses »superbe Gleichgewicht« fehlt, also zum Beispiel die düstere, großartige *Bläserserenade* KV 388, der erste Satz von KV 466 und die große *Symphonie g-Moll* KV 550. Überall dort, wo wir bei Mozart »Sturm und Drang« finden, der nicht in »wehmütige, intime Erinnerungen« umgewandelt wurde, hätten wir es demnach mit einem Werk zu tun, das hinter solchen zurücksteht, in denen dies wohl geschieht. Das kann man so sehen, ich tue es nicht. Ich denke, daß Gutman, der uns bereits früher mit einer Wagner-Biographie überrascht hat, worin der Komponist auf äußerst gemeine Weise niedergemacht wird, uns mit einer erfrischend neuen Sicht auf Mozart konfrontieren wollte. Seine Biographie, in der übrigens nicht zu Unrecht das Vater-Sohn-Verhältnis im Mittelpunkt steht, präsentiert auf jeden Fall eine vollkommen andere Sicht auf Mozart und seine Zeit als frühere Biographien. Mit seiner Vorliebe für KV 200, die er mehr schätzt als KV 183 und KV 201, steht er völlig allein, aber das paßt zu seiner Lebensbeschreibung, in der immer wieder nach ungewöhnlichen Blickwinkeln gesucht wird. Die meisten anderen Mozart-Kenner (Wyzewa und Saint-Foix zum Beispiel) weisen explizit darauf hin, daß man in KV 200 sehr gut hören kann, daß Mozart große Vorgänger imitiert, vor allem Joseph Haydn.

Außer der von Gutman so geschätzten *Symphonie C-Dur* KV 200 habe ich auch die *Pariser Symphonie* KV 297 ausgelassen. Von den drei Städtesymphonien ist dies ganz bestimmt die am wenigsten gelungene, auch wenn Mozart für dieses Werk nicht weniger als zwei langsame Sätze komponiert hat. Außerdem habe ich KV 318 und KV 319 nicht berücksichtigt. Dabei handelt es sich um kürzere Werke, die man eher als Ouvertüren denn als Symphonien bezeichnen kann. Ich glaube deshalb, daß es gegen meine These, Mozart habe, wie viele andere Komponisten auch, neun überragende Symphonien geschrieben, nichts einzuwenden gibt.

Sein Vater, sein Gott

Leopold Mozart wurde am 14. November 1719 geboren und starb am 28. Mai 1787 im Alter von siebenundsechzig Jahren. Er lebte fast doppelt so lange wie sein berühmter Sohn, dessen Karriere er bis auf die letzten vier Jahre vollständig verfolgen konnte.

Leopold Mozart war der erste Sohn eines Buchbinders. Von seinem fünften Lebensjahr an besuchte er in Augsburg die Elementarschule. Danach war er Schüler des Gymnasiums und anschließend des Lyceums des Jesuitenkollegs Sankt Salvator. Als er siebzehn war, starb sein Vater, und Leopold Mozart verließ Augsburg mit einem guten Zeugnis. Im November 1737 immatrikulierte er sich an der Benediktineruniversität in Salzburg, wo er Philosophie und Jura studierte. Im ersten Jahr machte er gute Fortschritte, im zweiten Jahr wurde er wegen unzureichenden Besuchs der Vorlesungen aus dem Immatrikulationsverzeichnis gestrichen. Daraufhin fand er eine Anstellung mit musikalischen Verpflichtungen beim Salzburger Domherrn Johann Baptist Graf von Thurn-Valsassina und Taxis, dem er 1740 seine ersten Kompositionen widmete: einige Triosonaten, die er selbst gedruckt hatte. Von da an ging es schnell bergauf, und 1743 wurde er vierter Violinist in der Hofkapelle des Salzburger Erzbischofs.

1747 heiratete er die ein Jahr jüngere Halbwaise Anna Maria Pertl. Das Paar bekam sieben Kinder, von denen zwei überlebten: das vierte Kind, Maria Anna, genannt Nannerl, das 1751 geboren wurde, und das 1756 geborene siebte Kind, Johannes Chrysostomus Wolfgangus Theophilus.

Die Legende will, daß Leopold nach der Geburt seines Sohnes aufhörte zu komponieren. Das stimmt nicht. Seine letzten Werke stammen aus dem Jahr 1775. Er hat fünfunddreißig Jahre lang komponiert. Wie kommt es dann, daß so wenige seiner Werke bekannt sind? Der Grund dafür ist, daß die meisten Arbeiten weder zu seinen Lebzeiten noch nach seinem Tod veröffentlicht wurden. Viele seiner Manuskripte sind verlorengegangen, und was noch übrig war, ging im Zweiten Weltkrieg unter. Trotz der schwierigen Quellenlage hat Ernst Ludwig Theiss eine Forschungsarbeit über Leopold Mozarts Instrumentalmusik geschrieben, in der er zu dem Schluß kommt, daß dieser achtundzwanzig Symphonien, sechs Divertimenti, zwei Konzerte, drei Klaviersonaten, zwölf Violinduos, ein Capriccio für Violine, sechs Triodivertimenti, sechs Kirchensonaten sowie drei Trios für Violine, Cello und Cembalo komponiert hat. Außerdem hat Leopold Mozart noch etliche kirchenmusikalische Werke geschaffen. Er schrieb auch sehr gern Gelegenheitskompositionen mit »realen Klangeffekten« wie das *Divertimento militare sive Sinfonia*, die *Bauernhochzeit* mit Dudelsack und Drehleier, die *Musikalische Schlittenfahrt* mit Glockengeläut, ein *Jagdkonzert* mit vier Hörnern, Karabiner, Hundebellen und Streichorchester. Auch die Cassatio mit Windmühle, Posthorn und Pferd ist eine solche Gelegenheitskomposition, in der sich vier Sätze einer *Kindersymphonie* verbergen. Die *Kindersymphonie*, so ziemlich das einzige von Leopold Mozart, das hin und wieder gespielt wird, stammt aber offenbar gar nicht von ihm, sondern von Joseph Haydn.

Leopold Mozarts kirchenmusikalische Werke, von denen viele – wenn überhaupt – nur bruchstückhaft überliefert sind, gehören allem Anschein nach zu seinen besten. Christian Friedrich Daniel Schubart beschrieb in seinen 1806 veröffentlichten *Ideen zu einer Aesthetik der Tonkunst* Leopold Mozarts Kirchenmusik zwar als »etwas altväterisch, aber gründlich und voll contrapunktischer Einsichten«. Er vermeldet auch: »Sein Sohn ist noch berühmter als der Vater geworden.«

Die beiden wichtigsten Ereignisse im Leben Leopold Mozarts fanden im Jahr 1756 statt. In diesem Jahr wurde nicht nur sein Sohn Wolfgang Amadeus geboren, sondern in Augsburg erschien auch sein Buch, das ihm Ruhm einbrachte: *Versuch einer gründlichen Violinschule*. Es wurde in viele Sprachen übersetzt. 1766 brachte Johannes Enschede in Haarlem eine niederländische Ausgabe dieses Werkes heraus. Vier Jahre später kam eine französische Ausgabe auf den Markt, die russische wurde 1804 veröffentlicht. Wir Niederländer waren also recht fix. In Augsburg erschienen 1769, 1770, 1787 (erweiterte Ausgabe) und 1800 Neuauflagen des Werkes. Außerdem wurde eine Reihe von Ausgaben in Frankfurt, Leipzig und Wien veröffentlicht.

Die Bedeutung, die dieses Werk für das Leben seines Autors hatte, kann man kaum überschätzen. Da er mit diesem Buch zu einer Berühmtheit wurde, kannte man ihn bereits in ganz Europa, als er mit seiner Familie die langen, ermüdenden Reisen mit der Postkutsche unternahm, um überall das Wunderkind Wolfgang Amadeus Mozart zu präsentieren. Wichtiger noch als diese Türöffnerfunktion des Werkes aber war, was in dem Buch zu lesen ist. Wer darin blättert, stößt immer wieder auf die Forderung, die Musik müsse »natürlich« klingen: »Und wer weis denn nicht, daß die Singmusik allezeit das Augenmerk aller Instrumentisten seyn soll: weil man sich in allen Stücken dem Natürlichen, so viel es immer möglich ist, nähern muß?« Unter dem Stichwort »cantabile« bemerkt er: »Das ist: Man solle sich eines singbaren Vortrags befleißigen; man soll natürlich, nicht zu viel gekünstelt und also spielen, daß man mit dem Instrumente, so viel es immer möglich ist, die Singkunst nachahme. Und dies ist das schönste in der Musik.« Man könnte noch eine ganze Reihe von ähnlichen Zitaten anführen. Immer wieder betont er, daß der Gesang das Vorbild aller Musik sein müsse. Und genau das ist es, was das Werk seines Sohnes am stärksten charakterisiert: Seine Musik »singt«, sie ahmt die Sangeskunst nach, und selbst dort, wo sie rein instrumental ist, klingt sie immer wie Opernmusik. Was der Vater mit großem Nachdruck betont, hat der Sohn mit einer solchen Selbstverständlichkeit in die Praxis umgesetzt, daß es so aussieht, als hätte er ohne den Vater genauso komponiert. Aber der Schein trügt: Wolfgang wäre nie der Komponist der Abschiedsszene aus *Così fan tutte* geworden, wenn nicht der Vater im Jahr seiner Geburt das Wasserzeichen seiner Musik in Form einer Violinschule veröffentlicht hätte.

Manche halten Leopold Mozart für einen Ausbeuter, der seinen Sohn als Wunderkind auf unglaublich erschöpfenden Reisen durch ganz Europa schleppte. Andere halten ihn für einen vernünftigen Vater, der Wolfgang mit allen möglichen Kompositionsstilen seiner Zeit in Kontakt brachte und ihn Bekanntschaft mit Persönlichkeiten wie Johann Christian Bach machen ließ, der einen so großen Einfluß auf den jungen Mozart hatte. Die einen weisen darauf hin, daß Leopold Mozart einzig und allein am Ruhm und einer möglichst ehrenvollen Stellung für seinen Sohn interessiert war, die anderen preisen den Pädagogen.

Wie dachte Wolfgang Amadeus selbst darüber? Mozart hatte große Achtung vor seinem Vater, er vertraute ihm blind; nie hat er sich über die ermüdenden Reisen beklagt oder darüber, daß ihm eine normale Kindheit versagt blieb. Als Jugendlicher hat er einmal gesagt, nach Gott komme gleich der Papa. Erst während seines Aufenthalts in Paris, wohin ihn die Mutter begleitete, begann er allmählich, sich vom Vater zu lösen. Dieser bombardierte ihn von Salzburg aus mit Briefen voller Ermahnungen, klugen Hinweisen, Ratschlägen und auch Befehlen. Doch obwohl Wolfgang niemals geantwortet hätte: Vater, Du irrst dich, und er über alles, was Leopold ihm zukommen ließ, ernsthaft nachdachte, so konnte er irgendwann doch nicht mehr tun, was sein Vater wollte. Dieser Zeitpunkt war gekommen, als er sich zuerst in Aloysia und später, sehr viel später, in Constanze Weber verliebte. Nach der ersten Begegnung mit den Weber-Schwestern reiste Mozart nach Paris. Am 12. Februar 1778 schreibt sein Vater ihm einen Brief, in dem er ihm folgendes zu bedenken gibt: »... es kommt nur auf deine Vernunft und Lebensart an, ob du als gemeiner Tonkünstler, auf den die ganze Welt vergißt, oder als ein Berühmter Capellmeister, von dem die Nachwelt auch noch in Büchern lieset, - ob du von einem Weibsbild eingeschäfert mit einer Stube voller nothleidenden Kindern auf einem Strohsack, oder nach einem Christ: hingebrachten Leben mit Vergnügen, Ehre und Nachruhm, mit allem für deine Familie wohl versehen, bey aller Welt in Ansehen sterben willst?«

Leopold Mozart hat nicht vorhergesehen, daß sowohl das eine als auch das andere eintreten würde. Fest steht, daß er nach der Heirat seines Sohnes mit Constanze auf Distanz zu ihm gegangen ist. Wolfgang hatte sich von einem Weibsbild »einschäfern« lassen. Bei der Eheschließung war der Vater deshalb auch nicht anwesend.

Wolfgang Amadeus Mozart heiratete am 4. August 1782 – praktisch gleich nach der Vollendung der *Entführung aus dem Serail*. Verlockend ist es, den Inhalt der Oper in einen direkten Zusammenhang mit dem Verhältnis zwischen Vater und Sohn zu bringen, vor allem auch deshalb, weil Mozart in langen Briefen an seinen Vater jedes Detail der Oper erörtert, kommentiert und mit Randbemerkungen versehen hat. Mühelos erkennt man im barschen Bassa Selim, der die Wiedervereinigung und damit auch eine Ehe von Konstanze und Belmonte verhindern will, Vater Leopold. Nicht zufällig heißt die weibliche Hauptfigur Konstanze, und es ist auch kein Zufall, daß Bassa Selim am Ende großmütig verzeiht. Mit dieser Oper wollte Mozart seinem Vater, vielleicht unbewußt, sagen: »Sei doch auch großmütig und verzeih mir, was Du für einen Fehler hältst.« Die Arien des Belmonte, in die Mozart seine ganze Seele gelegt hat, sind allesamt flehentliche Bitten an seinen Vater: »Ach, billige doch, daß ich Constanze heirate.«

Gleich nach der Eheschließung wollte Wolfgang seinen Vater besuchen. Er hoffte, Leopold werde, wenn er Constanze erst einmal kennengelernt hatte, schon einsehen, daß sein Sohn sich nicht »von einem Weibsbild hat einschäfern lassen«. Die Reise wurde aber von Woche zu Woche verschoben. Immer wieder gab es einen Grund, warum das Paar die Reise nicht antreten konnte. Oder traute Mozart sich nicht? Krankheit, zuviel Arbeit, der Besuch wurde auf die lange Bank geschoben. Eigentlich hatte Mozart seinem Vater auch versprochen, daß er Pate des Erstgeborenen werden würde. Als Constanze dann ihr erstes Kind zur Welt gebracht hatte, kam zufällig Freiherr Raimund Wetzlar zu Besuch und bot seinerseits die Patenschaft an: »Ich konnte es ihm nicht abschlagen«, schrieb Mozart seinem Vater. Ende Juli 1783 machte das Paar sich schließlich ohne Kind auf die Reise. Während Constanze und Wolfgang bei Vater Leopold in Salzburg verweilten, starb der kleine Raimund.

Leopold Mozart und seine Schwiegertochter kamen einander nicht näher. Oder war der alte Mozart ohnehin nicht gewillt, Constanze in die Arme zu schließen? Wie dem auch sei: Wolfgang Amadeus Mozarts Hoffnung auf einen Sinneswandel seines Vaters erfüllte sich nicht. Der Briefwechsel zwischen Vater und Sohn, der vorher sehr rege gewesen war, kam danach beinahe zum Erliegen. Zwei Jahre nach dem Besuch von Sohn und Schwiegertochter, im Februar 1785, besuchte Leopold Mozart Wien. Er traf dort den elf Jahre jüngeren Joseph Haydn, der ihm versicherte: »ich sage ihnen vor gott, als ein ehrlicher Mann, ihr Sohn ist der größte Componist, den ich von Person und den Nahmen nach kenne.« Bei dieser Gelegenheit hat Vater Leopold auch das *Klavierkonzert d-Moll* KV 466 mit seinem Sohn als Solisten gehört.

Am 25. April reiste Leopold Mozart wieder aus Wien ab. Constanze und Wolfgang begleiteten ihn bis in den kleinen Ort Purkersdorf, offenbar mit neuen Schuhen, wie Leopold am 30. April seiner Tochter schreibt. In Purkersdorf haben sie noch »zusammen Mittags gespeist«. Als sie nach dem Essen voneinander Abschied nahmen, endete die letzte Begegnung von Vater und Sohn.

Zwei Jahre danach, im Mai 1787, stirbt Leopold Mozart. Hermann Abert schrieb in seiner Biographie: »Viel Zeit, trüben Gedanken nachzuhängen, blieb ihm freilich jetzt so wenig wie nach dem Tode seiner Mutter. Don Giovanni stand vor der Türe.« Dennoch komponierte Mozart im Mai 1787 sein tragischstes Werk, das *Streichquintett g-Moll* KV 516. Beim Begräbnis seines Vaters war er nicht anwesend. Wohl aber fuhr er im selben Jahr nach Prag, um dort am 29. Oktober die Uraufführung des *Don Giovanni* zu dirigieren.

Der Musik, die Mozart in den ihm verbleibenden vier Jahren nach dem Tod seines Vaters komponiert hat, fehlt der typische Übermut, die überschäumende Vitalität, die so charakteristisch ist für die Zeit, in der er ein gutes Verhältnis zu seinem Vater hatte – man denke nur an die Ecksätze der *Sinfonia concertante* KV 364, an das *Divertimento* KV 334 oder an die großartige *Symphonie C-Dur* KV 338.

Der Schweizer Psychiater Florian Langegger, der ein hervorragendes Buch über Vater und Sohn Mozart geschrieben hat, ist der Ansicht, daß Vater und Sohn sich so stark miteinander identifiziert haben, daß der Tod des einen den baldigen Tod des anderen nach sich ziehen mußte. Fest steht jedenfalls, daß Mozart seinen Vater nur um vier Jahre überlebt hat. Und es steht auch fest, daß alle seine großen Opern offenbar in einem direkten Zusammenhang mit dem Verhältnis zu seinem Vater stehen.

Mozart komponierte in seinen jungen Jahren zwölf Opern, er schrieb zwei Singspiele *(Zaide* und *Der Schauspieldirektor)* und sieben unvergängliche Meisterwerke.

Zwei Opern blieben Fragment *(L'oca del Cairo* und *Lo sposo deluso).*

Eine wirkliche Vater-Sohn-Beziehung gibt es nur in *Idomeneo.* Diese Oper entstand zu einer Zeit, als Vater und Sohn noch eine ganz selbstverständliche Einheit bildeten. Von einem »Weibsbild« war noch keine Rede. Dennoch finden wir in diesem Werk bereits eine Präfiguration dessen, was später Wirklichkeit werden sollte: Wir erleben eine Vaterfigur, die – aufgrund eines Gelübdes – der Liebe und Ehe eines verlobten Paares im Weg steht. Weil der Gott Neptun dem Vater nicht nur vergibt, daß er versucht hat, sich seinem Gelübde zu entziehen, sondern ihn auch – unter der Bedingung, daß er als König abdankt – davon entbindet, wird die Heirat schließlich doch noch möglich. In den folgenden Opern verschmelzen die Vaterfigur und die Gottheit zu einer Person, die Zahl der verlobten Paare wird verdoppelt, und das Motiv der Vergebung spielt jedesmal eine wichtige Rolle.

Das auffälligste Charakteristikum einer typischen Mozart-Oper ist wohl das zweifach auftretende Paar von Verlobten: Konstanze und Belmonte sowie Blondchen und Pedrillo in der *Entführung aus dem Serail*; Susanna und Figaro sowie Barbarina und Cherubino in *Le nozze di Figaro* (in dieser Oper gibt es sogar noch ein drittes Paar, das verlobt ist: Bartolo und Marcellina); Donna Anna und Don Octavio sowie Zerlina und Masetto im *Don Giovanni*; Fiordiligi und Guglielmo und Dorabella und Ferrando in *Così fan tutte*; Pamina und Tamino sowie Papagena und Papageno in der *Zauberflöte*; Servilia und Annio sowie (möglicherweise) Vitellia und Tito in *La clemenza di Tito.* Der Liebe und damit auch der Heirat all dieser Verlobten stellt sich stets ein älterer Mann in den Weg. In der *Entführung* und der *Zauberflöte* halten der Bassa Selim beziehungsweise Sarastro die Bräute gefangen. Im *Figaro* will der Graf die Hochzeit Figaros hinauszögern, weil er selbst ein Auge auf Susanna geworfen hat. Im *Don Giovanni* verführt der Protagonist die beiden Bräute. In *Così fan tutte* sorgt Don Alfonso mit einer Wette dafür, daß die Verlobten eine schwere Enttäuschung erleben. Und in *La clemenza di Tito* steht die Titelfigur dem Glück von Servilia und Annio im Weg, weil er selbst Servilia begehrt.

Kurzum: Was Mozart mit seinem Vater erlebte – heftige Ablehnung nicht nur seiner Braut, sondern, mehr noch, auch hinsichtlich seiner Absicht, überhaupt zu heiraten –, finden wir in stilisierter Form in seinen Opern wieder. So wie sein Vater ihm die Verlobte nicht gönnte, so mißgönnen von Bassa Selim bis hin zu Tito sämtliche Bässe und Baritone den Tenören ihre Geliebten. Dabei fällt außerdem auf, daß sich alles, was Don Alfonso in *Così fan tutte* über den Leichtsinn und die Unzuverlässigkeit von Frauen sagt, sehr leicht aus den Briefen ableiten läßt, in denen Vater Mozart seinem Sohn von den schlauen Tricks der Frauen berichtet, um ihn davor zu warnen, sich von einem Weibsbild »einschäfern« zu lassen.

Anders aber als im wirklichen Leben werden in der Oper die von den Bässen und Baritonen aufgehäuften Hindernisse aus dem Weg geräumt. Vergebung und Großmut spielen dabei jedesmal eine bedeutende Rolle. Bassa Selim läßt die Liebenden frei, anstatt Belmonte und Pedrillo dafür zu bestrafen, daß sie in den Serail eingedrungen sind. Auch Sarastro gestattet den Paaren, nach den Prüfungen zu gehen. In beiden Opern begegnen wir außerdem einer bösartigen männlichen Figur, die die Großmut ihres Vorgesetzten nicht billigen will: Osmin in der *Entführung* und Monostatos in der *Zauberflöte*. Wenn man sie auf den Kern ihrer Handlung reduziert, sind die Libretti beider Opern mehr oder weniger identisch.

In der *Hochzeit des Figaro* lösen sich die durch den Grafen aufgeworfenen Probleme, weil er selbst als untreuer Ehemann demaskiert wird. Eigentlich ist er bereits ein Vorläufer des Don Giovanni, denn auch er ist ein Verführer. Er bittet seine Frau um Vergebung, und seine Frau verzeiht ihm. Dafür benötigt sie zwar nur neun Takte, aber diese sind, zusammen mit der Abschiedsszene aus *Così fan tutte*, so ziemlich das Allerschönste, was Mozart geschrieben hat.

Von allen Opern, die Mozart komponiert hat, endet der *Don Giovanni* als einzige nicht mit einer großen Versöhnungsszene. Don Giovanni weigert sich nämlich, um Verzeihung zu bitten. Hätte er es getan, dann könnte auch am Ende dieser Oper eine Szene stehen, in der ihm vergeben wird. Es ist verlockend, die Tatsache, daß es in diesem gewaltigen, unvergänglichen Musikdrama keine Gnade gibt, mit dem Tod von Mozarts Vater in Verbindung zu bringen, der im selben Jahr starb, in dem Mozart die Oper komponierte. Abert schreibt, Mozart habe keine Zeit zu trauern gehabt, denn *Don Giovanni* habe vor der Tür gestanden. Könnte es nicht auch so sein: Weil sein Vater starb, stand *Don Giovanni* vor der Tür? Die Oper steht zudem in d-Moll, derselben Tonart wie auch das *Klavierkonzert*, das Leopold Mozart während seines letzten Besuchs bei seinem Sohn hörte. Vater Mozart hat es ihm nie verziehen, daß er Constanze geheiratet hat, und der Sohn, dem das Einverständnis seines Vaters sehr viel bedeutet hätte, hat das zeit seines Lebens nicht verwinden können. Darum kann am Ende der Oper, die im Todesjahr seines Vaters entstand, auch keine Vergebung stehen.

Nachdem sein Vater gestorben war, wurde alles anders. In *Così fan tutte* gibt es zum Schluß auch sehr viel zu verzeihen, aber der Anstifter allen Übels, Don Alfonso, der über Frauen die gleichen Auffassungen wie Vater Mozart hegt, bleibt unbehelligt. Und mit der *Zauberflöte* wiederholt Mozart die *Entführung*, jene Oper also, die er schrieb, um seinen Vater umzustimmen. Im Falle von *La clemenza di Tito* mußte er ein Libretto komponieren, das er sich nicht in der Weise ausgesucht hatte, wie er die Bücher zu seinen anderen Opern auswählte. Aber selbst dort begegnen wir einer bösen Vaterfigur, die sich am Ende als großmütig und vergebungsbereit erweist.

Postludium

Es scheint, als habe Mozart in seinen Opern immer wieder die Großmut und die Vergebungsbereitschaft heraufbeschwören wollen, die ihm sein Vater im Leben stets vorenthalten hat. Daß all seine Opern, die hinsichtlich ihres Handlungsentwurfs eng miteinander verwandt sind, immer wieder die Kerngeschichte seines Lebens, nämlich das allesbeherrschende Vater-Sohn-Verhältnis, widerspiegeln, scheint mir evident. Man könnte dagegen einwenden, Mozart habe die Libretti seiner Opern nicht selbst geschrieben, und es gebe deshalb keinen Grund anzunehmen, daß diese Werke in einem direkten Zusammenhang mit dem

Verhältnis zu seinem Vater stehen. Aber die Tatsache, daß er genau diese Texte komponiert hat, und nicht all die anderen Libretti, die ihm angeboten wurden, deutet darauf hin, daß sie ihn inspirierten. Vielleicht blieben die beiden Opernprojekte *L'oca del Cairo* und *Lo sposo deluso* ja deshalb Fragment, weil bei ihnen diese Inspiration fehlte, weil er in diesen Opern nicht das loswerden konnte, was ihn in seiner Ehe, vermutlich unbewußt, gequält hat: daß sein Vater mit der Wahl seiner Braut nicht einverstanden war. Von beiden Opernprojekten sind übrigens Fragmente erhalten geblieben: großartige Musik!

Für den Sohn kam der Vater gleich nach dem lieben Gott. Während sich andere Söhne fast immer auch mit anderen Vaterfiguren identifizieren (können), denen sie begegnen (Erzieher, Lehrer, Professoren), ist Mozart – auch wenn er bei Johann Christian Bach auf dem Schoß gesessen hat –, nie von jemand anderem unterrichtet worden als von seinem Vater. Als der Vater starb, komponierte er eine Oper, in welcher die Vaterfigur, der Komtur, der auch Züge eines Gottes hat, vergeblich Reue fordert. Diese Reue hat der Sohn auch in der Wirklichkeit nicht gezeigt; er hat sie auch nicht zeigen können, und darum hat weder Sarastros Weisheit noch die Gnade Titos das Ende des *Don Giovanni* je auswischen können.

Mozarts Tod

Von Ausnahmen wie Gossec, Charpentier und Ruggles einmal abgesehen (die drei wurden fünfundneunzig Jahre alt), haben Komponisten die bedauernswerte Neigung, jung zu sterben. Vier herausragende Komponisten starben sogar in der Blüte ihrer Jugend: Juan Arriaga y Balzola, Guillaume Lekeu, Julius Reubke und Lili Boulanger. Vor allem Arriagas Tod im Alter von neunzehn Jahren war ein schwerer Verlust; aufgrund der Qualität seiner einzigen Symphonie und seiner drei Streichquartette wird er zu Recht der »spanische Mozart« genannt. Und wenn Lili Boulanger älter als vierundzwanzig geworden wäre, hätte sie sich bestimmt mit den größten Komponisten des 20. Jahrhunderts messen können.

Schubert, Purcell, Mendelssohn, Pergolesi, Weber, Bizet, Chopin, Bellini, Goetz, Gershwin, Alain, Castillon und Nicolai starben, bevor sie vierzig waren; Schumann, Wolf, Albéniz, Reger, Skrjabin, Cornelius, Chausson, Fibich und Granados erreichten das fünfzigste Lebensjahr nicht, Alban Berg und Mahler gerade so; Tschaikowski, Chabrier, Beethoven, Debussy und Finzi starben vor ihrem sechzigsten Geburtstag. Brahms, Bartók, Berlioz, Dvořák, Grieg, Prokofjew, Ravel und Rimski-Korsakow wurden keine fünfundsechzig Jahre alt. Bach und Puccini wurden fünfundsechzig, Rachmaninow und Wagner sogar neunundsechzig, aber gesunde Siebziger kann man unter den Komponisten an den Fingern beider Hände abzählen: Haydn, Händel,

Scarlatti, Spohr, Rossini, Elgar, Liszt. Merkwürdigerweise gibt es recht viele Achtziger: Verdi, Vaughan Williams, Schütz, Saint-Saëns, Cherubini, Hasse, Telemann, Strauss, Strawinsky, Varèse, Mascagni, Milhaud, Dohnányi, Koechlin, Martin, Piston; und Sibelius wurde nicht weniger als einundneunzig Jahre alt. Wenn Komponisten fielen, wie Jehan Alain und George Butterworth, durch kriegerische Gewalt ums Leben kamen, wie Granados, oder ermordet wurden, wie Leclair, Stradella und Anton von Webern, dann kann man kaum behaupten, Komponieren sei ganz offenbar eine ungesunde Tätigkeit (Dirigieren schon; Lully stampfte mit dem Taktstock auf seinen Fuß, bekam Faulbrand und starb). Doch was sollen wir von der fürchterlich langen Reihe von außerordentlich begabten Komponisten halten, die nicht einmal vierzig wurden? Denn auch Wolfgang Amadeus Mozart starb knapp zwei Monate vor seinem sechsunddreißigsten Geburtstag.

Früher war die durchschnittliche Lebenserwartung nun einmal viel niedriger, wird manch einer als Erklärung für die allzu jung verstorbenen Komponisten anführen. Dabei wird aber übersehen, daß die errechnete durchschnittliche Lebenserwartung damals nur deshalb so niedrig war, weil die Kindersterblichkeit so entsetzlich groß war. Bei Mozart kann man es sehen: Vier seiner insgesamt sechs Kinder starben sehr jung; er selbst und seine Schwester Nannerl waren die Überlebenden von insgesamt sieben Geschwistern.

Wer in früheren Zeiten das Säuglingsalter überlebte, der hatte gute Chancen, sehr alt zu werden. Rüstige Achtzigjährige waren auch zu Mozarts Zeiten alles andere als selten. Das kann man auch in seiner direkten Umgebung sehen: Constanze wurde achtzig, Nannerl achtundsiebzig, die berühmte Cousine, der er die obszönen Briefe zukommen ließ, wurde zweiundachtzig, seine Schwägerin Aloysia, deren Geburtsdatum wir nicht genau kennen, wurde achtundsiebzig oder neunundsiebzig Jahre alt.

Warum war es Mozart nicht vergönnt, achtzig Jahre alt zu werden? Wäre er dreiundsiebzig geworden, hätte er sogar Beethoven und Schubert überlebt, und wir hätten möglicherweise nicht nur sechs Haydn-Quartette, sondern auch sechs Beethoven- und sechs Schubert-Quartette.

Brendel sagt: »Schuberts Ende war nicht Mozarts Ende. Schubert war inmitten einer großartigen Entwicklung.« Nach Ansicht von Brendel war das bei Mozart offenbar nicht der Fall. An anderer Stelle sagt Brendel sogar: »Ich werde zornig, wenn ich an Schuberts Tod mit einunddreißig Jahren denke. Das ist etwas, was ich nicht verzeihen will. Ich habe mir das geradezu als Aufgabe gesetzt.« Aber warum sollte man, wenn Schuberts Tod einen zornig macht, nicht auch über Mozarts Tod zornig sein? Wenn der Tod Schuberts im Alter von einunddreißig Jahren unverzeihlich ist, ist der Mozarts im Alter von fünfunddreißig es dann nicht auch? Ich kann Brendels Zorn gut verstehen, ich teile ihn sogar, aber ich verstehe nicht, warum der Tod Schuberts Brendel offensichtlich so viel stärker berührt als der Tod Mozarts. Ist es nicht ebenso unverzeihlich, einen so jungen Menschen wie Mozart ausgerechnet dann sterben zu lassen, als sich seine Situation gebessert hat? Genau zu dem Zeitpunkt, als ihm aus Amsterdam und aus Ungarn strukturelle finanzielle Unterstützung zugesagt worden war? War es nicht unverzeihlich, einen Menschen sterben zu lassen, der einhundertfünfzig unvollendete, zum größten Teil außergewöhnlich vielversprechende Kompositionen hinterließ, aus denen ebenso viele Meisterwerke hätten entstehen können?

Brendel sagt nicht, auf wen er zornig ist und wem er Schuberts Tod nicht verzeihen kann. Dem blinden Schicksal? Oder doch Gott? Aber Gott existiert nicht, denn kein vernünftiger Mensch kann glauben, daß welcher Jahwe, Allah oder Brahma auch immer solche »Supertalente« wie Schubert und Mozart zur Welt kommen läßt, um sie anschließend nach so kurzer Zeit wieder dahinzuraffen. Dann sollte man als Schöpfer eine sehr gute Erklärung parat haben. Wer läßt es zu, daß ein Pfuscher wie Lachner siebenundachtzig wird und Schubert nur einunddreißig? Gossec fünfundneunzig, Mozart aber nur fünfunddreißig?

Schuberts Ende war nicht Mozarts Ende, sagt Brendel. Einverstanden, im Falle Mozarts hat man viel stärker als bei Schubert das Gefühl, daß er Gelegenheit hatte, sich großartig zu entfalten. »Er lebte fünf Jahre länger als Schubert«, sagt Gordon Jacob, »und seine größten Meisterwerke entstanden während dieser Zeit.« (Was natürlich nicht ganz stimmt, denn als er den *Figaro* komponierte, war er dreißig.) Aber Jacob sagt auch: »Die gesamte Musikgeschichte wäre vielleicht anders verlaufen, wenn diese beiden nicht vor der Zeit gestorben wären.«

Glenn Gould, der immer für eine eigenwillige Ansicht gut ist, hat hingegen gesagt, Mozart ist »eher zu spät als zu früh gestorben«. Um zu beweisen, daß Mozarts spätere Klavierwerke nichts taugen, hat er sie, jämmerlich schlecht gespielt, auf Schallplatte aufgenommen. Mit der miserabel gespielten *Sonate B-Dur* KV 570 hat er lediglich bewiesen, daß er zu dieser Musik Mozarts eine ebenso geringe Affinität hat wie zu den Klaviersonaten Beethovens, die er ebenfalls unvorstellbar schlecht eingespielt hat.

Außer Gould haben sich allerdings auch andere herablassend über den »späten« Mozart geäußert. Der Musikwissenschaftler Hans Keller zum Beispiel, der unter anderem ein wunderbares Buch über Haydns Streichquartette geschrieben hat. Immer wieder hat Keller höhnische Bemerkungen über Mozarts *Streichquintett Es-Dur* KV 614 gemacht. In seinem Haydn-Buch behauptet er sogar, das Quintett sei so schlecht komponiert, daß es, mit Ausnahme des langsamen Satzes, gar nicht »richtig« gespielt werden könne. Ich denke, viele Aufnahmen dieses Werkes zeigen, daß es sehr wohl »richtig« gespielt werden kann. Ob Kellers Äußerung sich vielleicht eher auf den »kühlen« Ton dieses Quintetts bezieht als auf die möglicherweise vorhandenen Intonationsprobleme? Verglichen mit den drei anderen Streichquintetten hat KV 614 einen weniger warmen Klang, es ist weniger leidenschaftlich, weniger subjektiv. Man könnte meinen, Mozart habe hier einen anderen Weg einschlagen wollen und sei weniger als in KV 516 geneigt, sich in die Karten schauen zu lassen. Man kann das bedauern, aber man kann andererseits auch das Raffinement gerade dieses Werkes bewundern, die glitzernde, unterkühlte Musik des ersten Satzes – als male Mozart Eisblumen ans Fenster – und wie unglaublich geschickt er im zweiten Satz vertuscht, daß er eigentlich Variationen über ein Thema komponiert hat, wobei aber die Frage bleibt: Wo ist das Thema überhaupt, und wo beginnen und enden die Variationen? Menuett und Finale wirken wie grandiose Haydn-Pasticcios. Es ist, als wollte Mozart uns nachdrücklich darauf hinweisen, was für ein phantastischer Komponist sein Kollege Haydn ist.

Schon deshalb sollte Haydn-Bewunderer Keller sich nicht beklagen. Aber es stimmt, auch Charles Rosen schrieb: »Einige Musiker fühlen sich nicht recht wohl mit diesem Stück, das in den Ecksätzen die dynamischen Qualitäten kleinster Motive auf haydnmäßig detaillierte Weise verarbeitet und gleichzeitig die für Mozart typischen klangvollen und differenzierten Innenstimmen besitzt. Das Unbehagen mag daher stammen, daß diesem Quintett die expansive Freiheit der anderen fehlt und es seinen Reichtum zusammenzupressen scheint.«

Meiner Meinung nach ist es durchaus möglich, daß dieses einmalige *Streichquintett* ein wenig im Schatten der drei anderen Meisterwerke Mozarts in diesem Genre steht, weil es sich, obwohl im Jahr seines Todes komponiert, anders als Schuberts *Streichquintett* aus dessen letztem Lebensjahr, nicht für Betrachtungen über das Ringen des Komponisten mit dem Tod eignet. Brendel sagt über Schuberts *Quintett*: »Wenn Sie sich nur das ungeheuer kraftvolle Streichquintett anschauen: ist das ein Todeswerk?« Nach Meinung vieler ist es das, und darum geht Brendel zu ihnen auf Distanz. Zu Recht? Im langsamen Satz (meiner Meinung nach die schönste Musik, die je komponiert wurde) ist es doch kaum zu überhören, daß Schubert sich dort, auch wenn er in der Mitte noch kurz protestiert, damit abgefunden hat, daß er nicht mehr lange zu leben hat. In Mozarts *Quintett* ist dergleichen ganz bestimmt nicht zu hören, und das scheint mir einer der Gründe für die Nichtbeachtung dieser in technischer Hinsicht vollkommenen Komposition zu sein.

Noch ein anderes Werk fällt dieser dummen Vernachlässigung des späten Mozart anheim: die Oper *La clemenza di Tito*. Wie im Falle der *Linzer Symphonie* wird auch hier das Mißtrauen bereits durch die ausgesprochen kurze Entstehungsdauer geweckt. Es läßt sich nur schwer abschätzen, wieviel Mozart bereits komponiert hatte, als er sich Ende August 1791 auf den Weg nach Prag machte, um die Uraufführung vorzubereiten. Viel kann es nicht gewesen sein, denn er mußte zuerst wissen, welche Sänger ihm in Prag zur Verfügung stehen würden. Mozart kam am 28. August an, und am 6. September fand die Uraufführung statt, so daß die gesamte Oper also in einem Zeitraum von knapp zehn Tagen wenn nicht komponiert, so doch anhand von bereits bestehenden Skizzen vollendet worden sein muß. Lediglich die Rezitative wurden wegen des großen Zeitdrucks wahrscheinlich von Süßmayr geschrieben. Das ist beinahe unvorstellbar, vor allem wenn man bedenkt, daß Mozart nach seiner Ankunft in Prag auch noch an einer Wiederaufführung des *Don Giovanni* mitwirkte, die am 2. September stattfand. Außerdem wird berichtet, er sei bei seiner Ankunft in Prag krank gewesen beziehungsweise dort krank geworden. Trotz allem aber wurde *La clemenza di Tito* am 6. September uraufgeführt.

Im August arbeitete Mozart an der *Zauberflöte*. Man kann *La clemenza di Tito* deshalb als Gelegenheitsarbeit betrachten. Sie ist eine echte, altmodische Nummernoper mit Arien, Duetten und Rezitativen; sie hat zwei Akte und deshalb auch zwei Finales: Dasjenige des ersten Aktes gehört, trotz allen Zeitdrucks, zum Allerbesten, was Mozart uns geschenkt hat. »Dies ist sehr dramatische Musik«, sagt William Mann in seinem Buch über die Opern Mozarts. Die Arien in *La clemenza di Tito* sind im allgemeinen kurz und, von einigen Ausnahmen wie »Parto, ma tu ben mio« einmal abgesehen, auch ein wenig einfacher als in den anderen Opern. Der Grund dafür ist wahrscheinlich, daß die Sänger in Prag nur ein paar Stunden hatten, um alles einzustudieren. Da die Musik in technischer Hinsicht weniger hohe Anforderungen an die Sänger stellt als die anderen späten Opern, kann man *La clemenza di Tito* mit fortgeschrittenen Amateursängern, einem guten Klarinettisten und einem ordentlichen Pianisten zu Hause im Wohnzimmer aufführen. Welch ein Fest! Allein schon die Arie »S'altro che lacrime« ist unsagbar schön. Tempo di menuetto. D-Dur. In der Mitte eine subtile Modulation nach d-Moll und wieder zurück nach D-Dur. Unglaublich, ein solch einfaches Stück, so vollkommen, so perfekt, so meisterhaft, Mozart auf der Höhe seiner Kunst. Wunderschön ist auch das Liebesduett in A-Dur: »Ah perdona al primo affetto«. Auch in diesem Falle handelt es sich um eine kurze, recht einfache Komposition, die ebenfalls leicht aufgeführt werden kann, die aber dennoch wunderschön und anrührend ist. Einverstanden, es mag richtig sein, daß *La clemenza di Tito* im Vergleich zu den drei Da-Ponte-Opern einen Rückschritt darstellt, aber letztere sind zufällig die allerschönsten Opern, die je geschrieben wurden. Mozart sah sich mit *La clemenza di Tito* also vor eine Aufgabe gestellt, die für alle anderen Komponisten auch zu schwierig gewesen wäre, abgesehen vielleicht von Bizet und Verdi, als sie *Carmen* beziehungsweise *Otello* und *Falstaff* komponierten. Auch Hildesheimer beschwert sich über *La clemenza di Tito*. Ihn stört vor allem das schwache Libretto. Möglicherweise hat er recht, aber desto mehr Grund haben wir, Mozart zu bewundern, dem es gelungen ist, zu einer solch reißerischen Geschichte eine so wunderschöne Musik zu komponieren.

Nach seiner Rückkehr aus Prag vollendete er die *Zauberflöte*. Die Oper wurde am 30. September uraufgeführt. Die ersten beiden Aufführungen dirigierte Mozart persönlich. Schon sehr bald war deutlich, daß er und Schikaneder einen Riesenhit gelandet hatten. Mozart hat den gewaltigen Erfolg seiner letzten Oper noch erleben dürfen. Nach der *Zauberflöte* schrieb Mozart für seinen Freund Anton Stadler, der ihn nach Prag begleitet und die Klarinettenpartie in *La clemenza di Tito* übernommen hatte, ein *Konzert für Bassettklarinette und Orchester* KV 622. (Eine Bearbeitung des mittleren Satzes habe ich vor einiger Zeit zusammen mit einem Trompeter gespielt, bei einer Beerdigung, vor zweihundert schluchzenden Menschen. Die Verstorbene war nur dreiundvierzig Jahre alt geworden. Die Noten dieser Bearbeitung mit dem Titel *The Young Amadeus* hatte ich tags zuvor zum Üben erhalten. Nachdem ich zuerst den Titel gelesen hatte, stellte ich erstaunt fest, daß es sich dabei um das letzte Instrumentalwerk Mozarts handelte.)

Nach dem *Klarinettenkonzert* komponierte Mozart die Freimaurerkantate *Laut verkünde unsre Freude* KV 623, die am 18. November anläßlich der Eröffnung eines neuen Gebäudes für die Freimaurerloge »Zur gekrönten Hoffnung« uraufgeführt wurde. Mozart selbst stand dabei am Pult. Krank war er also zu diesem Zeitpunkt noch nicht. Am 20. November jedoch erkrankte er sehr ernsthaft, und am 5. Dezember verstarb er. Er ist also nur zwei Wochen krank gewesen, länger nicht. Niemand hat damals den plötzlichen Tod kommen sehen, auch er selbst nicht. Über die letzten fünfzehn Tage sind allerlei Berichte in Umlauf, doch all diese Berichte, inklusive dem seiner jungen Schwägerin Sophie, wurden erst sehr viel später aufgezeichnet, und darum ist es nicht einfach, Fakten und Fiktion voneinander zu trennen. Ich werde es auch nicht versuchen. Wichtig bleibt festzuhalten, daß Mozarts Tod unerwartet kam. Hildesheimer schreibt: »Doch sei hier festgestellt, daß Mozarts Tod so vorzeitig nicht war.« Auch Ulrich Dibelius äußert sich in seinem hübschen Büchlein *Mozart-Aspekte* in ähnlicher Weise. Ich kann diesen beiden Größen nicht zustimmen. Mir scheint, daß man sowohl bei Schubert als auch bei Mozart mit absoluter Berechtigung von einem vorzeitigen Tod sprechen kann. Heutzutage wären beide nicht so jung gestorben, denn ihre Krankheiten könnten gut behandelt werden. In Schuberts Kompositionen der letzten beiden Jahre hört man, ganz gleich, was Brendel sagt, den sich nähernden Tod, und unter anderem deshalb ist Schubert »der Komponist, der den Hörer am unmittelbarsten bewegt«, denn seine ergreifendsten Kompositionen – das *Streichquintett*, die *Klaviersonate B-Dur*, die beiden Klaviertrios, das Lied *Der Winterabend* – stammen aus seinen letzten beiden Lebensjahren. Die unaussprechliche Traurigkeit des ersten *Impromptu f-Moll*, D. 935 Nr. 1, entsteht einzig und allein aus der Tatsache, daß Schubert, von einer Geschlechtskrankheit gezeichnet, klar war, daß er nicht mehr damit rechnen konnte, noch sehr viel länger zu leben. Bei Mozart fehlen solche herzzerreißenden Äußerungen wie das *Impromptu f-Moll*, und darum spricht manches für die These, daß sein Tod sogar noch mehr vor der Zeit war als der Schuberts.

Postludium

»Alles, wofür Mozart gelebt hat, ist im Gedächtnis und Herzen der Menschheit für alle Zeit sicher aufbewahrt«, schrieb Ferruccio Bonavia in der Penguin-Taschenpartitur der *Symphonie Nr. 39*. Für alle Zeit? Sieht es nicht so aus, als würde die barbarische Gewalt der Popmusik all das, wofür Mozart gelebt hat, auslöschen? Wenn eine solch düstere Ahnung mich quält, tröste ich mich mit dem Gedanken, daß sich, was die Musik angeht, sehr viel zum Guten geändert hat, seit ich im Loch in Maassluis zum erstenmal den »Türkischen Marsch« hörte. In den fünfziger Jahren des vorigen Jahrhunderts war es allenfalls möglich, die bekanntesten Werke aus Mozarts Œuvre kennenzulernen. Auf den Podien der Konzertsäle wurden nur die berühmtesten Symphonien und Klavierkonzerte aufgeführt, auf den ersten Langspielplatten fand man nur ein paar Symphonien, das ein oder andere Streichquartett und einige Klavierkonzerte. Von so sublimen Meisterwerken wie der *Bläserserenade* KV 361 gab es keine einzige Aufnahme. Eine Live-Aufführung war undenkbar. Jemand wie Simon Vestdijk hatte nicht den blassesten Schimmer, daß ein solches Meisterwerk existierte. Diesem Mangel wurde inzwischen abgeholfen, kulminierend in der Philips-Edition der vollständigen Werke Mozarts auf CD, die auch die längeren Fragmente enthält. Hinzu kommt, daß die historische Aufführungspraxis auch die großen Symphonieorchester befruchtet hat, so daß wir heute sehr viel lebendigere, spritzigere und transparentere Mozart-Aufführungen hören, in denen die Tempi oft kerniger gespielt werden als vor einem halben Jahrhundert.

Außerdem sind, angefangen mit *La pensée de Mozart* von Jean-Victor Hocquard aus dem Jahr 1958, während des letzten Jahrhunderts Dutzende von wunderbaren Büchern über Mozart erschienen wie etwa die von Hammer, Hildesheimer, Robbins Landon, Mann, Tyson, Gutman, Solomon, Braunbehrens und *Der klassische Stil* von Charles Rosen, um nur einige aus einer wahren Flut von Publikationen zu nennen.

Am gegenüberliegenden Ufer der inzwischen gefüllten Baulücke, die früher einmal »das Loch« genannt wurde, erhebt sich die Große Kirche von Maassluis mit ihrer großartigen Garrels-Orgel. Zu der Zeit, als ich den »Türkischen Marsch« im Loch hörte, wäre es undenkbar gewesen, daß bei einem regulären Konzert das *Adagio und Allegro* KV 594 oder das *Orgelstück* KV 608 auf dem Programm hätte stehen können. Inzwischen werden die beiden Stücke immer häufiger bei Orgelkonzerten gespielt. Mozart mag seit über zweihundert Jahren tot sein, aber er ist heute lebendiger denn je; sogar einen Steinwurf weit entfernt vom Loch in Maassluis.

Anhang

Benutzte Literatur (Auswahl)

Abert, Hermann: *Wolfgang Amadeus Mozart*. Neu bearbeitete und erweiterte Ausgabe von Otto Jahns »Mozart«, 2 Teile, Leipzig ⁶1923/24
Beaujean, Alfred: *Harenberg-Konzertführer*. Dortmund 1996
Braunbehrens, Volkmar: *Mozart in Wien*. München/Zürich 1986 (Neuausgabe 2006: Serie Piper 4605)
Brendel, Alfred: *Ausgerechnet ich*. München/Wien 2001 (Neuausgabe 2006: Serie Piper 4479)
Carroll, Brendan G.: *Erich Wolfgang Korngold. 1897-1957. His Life and Works*. Paisley ⁴1989 (The music makers series 1)
Czerny, Carl: Erinnerungen an Beethoven. In: ders.: *Über den richtigen Vortrag der sämtlichen Beethovenschen Klavierwerke*. Hrsg. v. Paul Badura-Skoda. Wien 1963
Dibelius, Ulrich: *Mozart-Aspekte*. Kassel/München 1972
Duchen, Jessica: *Erich Wolfgang Korngold*. London 1996
Einstein, Alfred: *Mozart. Sein Charakter, sein Werk*. Zürich usw. ³1953
Fellerer, Karl Gustav: *Die Kirchenmusik Wolfgang Amadeus Mozarts*. Laaber 1985
Gavoty, Bernard: *Reynaldo Hahn. Le musicien de la Belle Époque*. Paris 1997
Gilse van der Pals, Nikolaus von: *N. A. Rimsky-Korssakow. Opernschaffen nebst Skizze über Leben und Wirken*. Paris usw. 1929
Girdlestone, Cuthbert Morton: *Mozart's Piano Concertos*. London ³1978
Gould, Glenn: *Von Bach bis Boulez. Schriften zur Musik I*. München/Zürich 1986 (Neuausgabe 2002: Serie Piper 3614)
Grover, Ralph Scott: *Ernest Chausson. The Man and His Music*. London 1980
Gutman, Robert W.: *Mozart. A Cultural Biography*. New York 1999

Hammer, Karl: *Wolfgang Amadeus Mozart – eine theologische Deutung. Ein Beitrag zur theologischen Anthropologie*. Zürich 1964 (Basler Studien zur historischen und systematischen Theologie 3)

Heer, Friedrich: *Der Glaube des Adolf Hitler. Anatomie einer politischen Religiosität*. München usw. 1968

Hildesheimer, Wolfgang: *Mozart*. Frankfurt a. M. 1977 (Neuausgabe 1980: Suhrkamp Taschenbuch 598)

Hocquard, Jean-Victor: *La pensée de Mozart*. Paris 1958

Höweler, Casper: *Der Musikführer: Lexikon der Tonkunst. Handbuch für alle Freunde von Konzert, Oper, Rundfunk*. München 1962

Hutchings, Arthur: *A Companion to Mozart's Piano Concertos*. 8., korrigierte Auflage. Oxford 1991

Hutchings, Arthur: *Mozart der Mensch*. Baarn 1976

Hutchings, Arthur: *Mozart der Musiker*. Baarn 1976

Jacob, Gordon (Hrsg.): *Mozart Symphony No. 39 in E-flat* (Penguin Scores No. 16, 1952)

Jahn, Otto: *Wolfgang Amadeus Mozart*. Nachdruck der Ausgabe Leipzig 1856–59. 4 Bde., Hildesheim 1976

Jenner, Gustav: *Johannes Brahms als Mensch, Lehrer und Künstler. Studien und Erlebnisse*. Nachdruck der 2. Auflage 1930. Gräfelfing 1989 (Wollenweber Reprint Serie 3)

Keefe, Simon P. (Hrsg.): *The Cambridge Companion to Mozart*. Cambridge 2003

Kreitmaier, Josef: *Wolfgang Amadeus Mozart. Eine Charakterzeichnung des großen Meisters nach den literarischen Quellen*. Düsseldorf 1929

Langegger, Florian: *Mozart: Vater und Sohn. Eine psychologische Untersuchung*. Zürich/Freiburg 1978

Lernout, Geert: *Iets anders: de Goldberg variaties van Bach*. Löwen 2001

Loeser, Norbert: *Wolfgang Amadeus Mozart*. Haarlem/Antwerpen 1956

Mann, William: *The Operas of Mozart*. London 1977

Mozart, Leopold: *Versuch einer gründlichen Violinschule*. Reprint der 1. Auflage von 1756. Hrsg. u. kommentiert v. Greta Moens-Haenen. Kassel ^{2}2002

Mozart, Wolfgang Amadeus: *Mozart. Briefe und Aufzeichnungen*. Hrsg. v. Wilhelm Bauer, Otto Erich Deutsch u. Joseph Heinz Eibl. 7 Bde., Kassel 1962–75 (erweiterte Neuausgabe 2005: dtv/ Bärenreiter)

Paap, Wouter: *Mozart: portret van een muziekgenie*. Utrecht 1976

Robbins Landon, H. C.: *Mozart. Die Wiener Jahre 1781–1791*. München 1991

Rosen, Charles: *Der klassische Stil. Haydn, Mozart, Beethoven*. Kassel usw. ²1995

Schubart, Christian Friedrich Daniel: *Ideen zu einer Aesthetik der Tonkunst*, in: *Christian Friedrich Daniel Schubart's, des Patrioten, gesammelte Schriften und Schicksale*, Bd. 5. Hrsg. v. Ludwig Schubart, Stuttgart 1839

Solomon, Maynard: *Mozart. Ein Leben*. Kassel/Stuttgart/Weimar 2005

Theiss, Ernst Ludwig: *Die Instrumentalwerke Leopold Mozarts* (Diss., Gießen 1943); zum Teil abgedruckt in: Zeitschrift des Historischen Vereins für Schwaben 62/63 (1960)

Tyson, Alan: *Mozart*. Cambridge, Mass. 1987

Vestdijk, Simon: *Verzamelde muziekessays*. 10 Bde., Amsterdam 1983–90

Wyzewa, Teodor de / Saint-Foix, Georges de: *W.-A. Mozart. Sa vie musicale et son œuvre de l'enfance à la pleine maturité*. Paris o. J. [1912]

Zaslaw, Neal (Hrsg.): *The Compleat Mozart. A Guide to the Musical Works of Wolfgang Amadeus Mozart*. New York usw. 1990

Personenregister

Abert, Hermann 167, 170
Ackema, Meneer 9
Adlgasser, Anton Cajetan 27, 92
Alain, Jehan 174f.
Albéniz, Isaac 173
Ameling, Elly 58
Anda, Géza 31
Andriessen, Hendrik Franciscus 67
Andriessen, Louis 67
Aronowitz, Cecil 62
Arriaga y Balzola, Juan 173

Bach, Carl Philipp Emanuel 136
Bach, Elisabeth 64
Bach, Johann Christian 99, 163, 172
Bach, Johann Sebastian 9f., 12–14, 21, 25, 28, 30, 32, 35, 37–40, 45, 47, 50, 59, 64f., 70, 80, 82–84, 87f., 90f., 120, 136, 152, 173
Bartók, Béla 173
Beaujean, Alfred 99
Beecham, Thomas 105
Beethoven, Johann van 69
Beethoven, Ludwig van 10–12, 19, 22, 31f., 35, 37, 41, 43–46, 59, 69, 75, 83f., 99, 110, 117, 120f., 127f., 141, 150, 156f., 173, 175, 177
Beethoven, Magdalena van 69
Beinum, Eduard van 62
Bellini, Vincenzo 22, 173
Bellow, Saul 115
Benda, Georg Anton 27
Berg, Alban 22, 173
Berlioz, Hector 173
Bizet, Georges 26, 59, 78, 173, 180
Boito, Arrigo 26
Bomhoff, Eduard 30–32, 62, 130f.
Bonavia, Ferruccio 183
Boulanger, Lili 69, 173
Brahms, Johannes 21, 30, 35, 70, 76, 93, 100, 120, 173
Braunbehrens, Volkmar 36, 48, 184
Brendel, Alfred 89–91, 95, 175f., 178, 182
Britten, Barbara 69
Britten, Benjamin 22, 69, 120
Britten, Edith 69
Britten, Robert 69
Bruckner, Anton 47, 53, 55f., 78, 128, 134, 141, 150f., 157
Butterworth, George 174

Callow, Simon 49
Cannabich, Christian 27
Carroll, Brendan G. 68
Castillon, Alexis 173
Chabrier, Emmanuel 78, 173
Charpentier, Gustave 173
Chausson, Ernest 22, 68, 118, 173
Cherubini, Luigi 174
Chopin, Frédéric 21, 26, 70, 76, 84f., 97, 120, 173
Colloredo-Waldsee, Hieronymus Graf von 106f., 124
Cooper, Barry 75
Copland, Aaron 68f.
Cornelius, Peter 173
Czerny, Carl 128

Da Ponte, Lorenzo 21, 24, 35, 180
Davenport, Marcia 12
Debussy, Claude 22, 77, 120, 173
Dibelius, Ulrich 182
Diepenbrock, Alphons 78
Dohnányi, Ernst von 174
Donizetti, Gaetano 22
Duchen, Jessica 68
Dukas, Paul 134
Duparc, Henri 26
Duschek, Josepha 36f.
Dvořák, Antonín 22f., 53, 69, 77, 150, 173

Eberlin, Johann Ernst 28
Edlinger, Johann Georg 79f.

Einstein, Albert 19
Einstein, Alfred 74, 104, 125
Elgar, Edward 22, 70, 174
Elisabeth Charlotte von der Pfalz 44
Enschede, Johannes 162

Fauré, Gabriel 22, 65f.
Fellerer, Karl Gustav 148
Ferguson, Howard 69
Fibich, Zdeněk 173
Finzi, Gerald 68, 173
Forman, Miloš 49f., 108
Franck, César 77, 118

Gavoty, Bernard 66
Gershwin, George 173
Geyer, Cäcilie 65
Geyer, Johanna *siehe* Wagner, Johanna
Geyer, Ludwig 65
Gilse, Jan van 67
Girdlestone, Cuthbert 137–139, 143, 149
Gluck, Christoph Willibald 22, 123
Goehr, Alexander 132
Goethe, Johann Wolfgang von 72, 93
Goetz, Hermann 22, 173
Goode, Richard 32
Gossec, François-Joseph 173, 176
Gould, Glenn 176f.
Granados, Enrique 173f.
Gregor-Dellin, Martin 76

Grieg, Edvard 70, 173
Groth, Klaus 76
Grover, Ralph Scott 68
Guines, Herzog von 92
Gutman, Robert W. 77, 158f., 184

Haffner, Sigmund 153f.
Hahn, Carlos 66
Hahn, Elena 66
Hahn, Reynaldo 66
Hammer, Karl 13, 34, 82, 145, 147f., 184
Händel, Georg Friedrich 12, 28, 173
Harris, Roy 26
Hasse, Johann Adolf 21, 174
Haydn, Joseph 12, 20, 22f., 27, 41, 47, 70, 83f., 86, 115f., 120, 125, 150, 159, 161, 166, 173, 175, 177f.
Haydn, Maria Anna (geb. Keller) 47f.
Haydn, Michael 92, 109, 115, 150f.
Heer, Friedrich 141
Hermans, Willem Frederik 14, 18
Hermes, Johann Timotheus 74
Hildesheimer, Wolfgang 12–14, 18, 47, 111, 116, 146, 180, 182, 184
Hitler, Adolf 141
Hocquard, Jean-Victor 13, 149, 184

Höweler, Casper 11, 19, 30, 57, 59, 84
Hübner, Beda 72
Hummel, Johann Nepomuk 71
Hutchings, Arthur 46f., 49

Jacob, Gordon 176
Jacobs, René 116
Jacquin, Franziska von 101
Jacquin, Gottfried von 101
Jacquin, Nikolaus Joseph von 101
Jahn, Otto 74
Janáček, Leoš 22, 66
Jenner, Gustav 76
Jeunehomme, Mlle. 91
Jommelli, Niccolò 27

Karl Theodor, Kurfürst von der Pfalz und von Bayern 25
Keller, Maria Anna *siehe* Haydn, Maria Anna
Keller, Hans 177f.
Kelly, Michael 73
Keuris, Tristan 155
Kierkegaard, Søren 111
Klemens XII., Papst 142
Klimes, Karel 67
Köchel, Ludwig Ritter von 104, 123
Kodály, Zoltán 70
Koechlin, Charles 174
Koevoet, Niek 81–83, 85
Korenhof, Paul 15, 18
Korngold, Erich Wolfgang 68, 94

Korngold, Hanns 68
Kraemer, Uwe 46
Kreitmaier, Josef 47

Lachner, Franz 176
Lange, Joseph 79
Langegger, Florian 167
Leclair, Jean-Marie 174
Leinsdorf, Erich 24
Lekeu, Guillaume 173
Leonardo da Vinci 19
Lernout, Geert 90f.
Lichnowsky, Karl Fürst 36
Liszt, Franz 22, 174
Loeser, Norbert 12
Lully, Jean-Baptiste 174

Mahler, Gustav 53–56, 70, 78, 116, 150, 157, 173
Mann, Thomas 57f.
Mann, William 102, 179, 184
Martin, Frank 174
Martinů, Bohuslav 12, 23, 67
Martinů, Ferdinand 67
Martinů, Karolina (geb. Klimes) 67
Martucci, Giuseppe 26
Martyn, Barry 66
Mascagni, Pietro 174
Massenet, Alexis 65
Massenet, Éléonore-Adélaïde (geb. Royer) 65
Massenet, Jules 22, 65
Maynard, Solomon 46

Medtner, Nikolai Karlowitsch 66
Medtner, Wladimir Karlowitsch 66
Mendelssohn Bartholdy, Felix 22, 26, 70, 89, 93f., 173
Mengelberg, Willem 78
Meyer, Martin 89
Milhaud, Darius 174
Monteux, Pierre 30
Monteverdi, Claudio 20
Mozart, Anna Maria (geb. Pertl) 11, 50, 64, 71, 73, 91f., 160, 164, 167
Mozart, Constanze (geb. Weber; auch verh. Nissen) 37, 46–48, 51, 71, 106, 142, 144, 153–155, 164–166, 170, 174
Mozart, Franz 71
Mozart, Karl 71
Mozart, Leopold 16, 25, 37, 46, 48, 50f., 60, 62, 71–73, 80, 106f., 111, 117, 130, 141f., 144f., 147, 151, 153–155, 160–172
Mozart, Maria Anna (Nannerl) 46, 50, 64, 71, 73, 80, 106f., 154f., 160, 166, 174
Mozart, Maria Anna Thekla 37, 106, 175
Mysliveček, Joseph 28, 37

Naumann, Johann Gottlieb 28
Nicolai, Otto 173
Nielsen, Carl 70
Nietzsche, Friedrich 20
Nijhoff, Martinus 99

Nissen, Constanze *siehe* Mozart, Constanze
Nissen, Georg Nikolaus 48

Oistrach, David 30, 39
Oistrach, Igor 30, 39
Oskamp, Jacqueline 67

Paap, Wouter 12
Palla, Pierre 8f.
Pals, Gilse van der 84
Perahia, Murray 33
Pergolesi, Giovanni Battista 173
Pertl, Anna Maria *siehe* Mozart, Anna Maria
Pettinger, John 73
Piston, Walter 174
Presley, Elvis 131
Prokofjew, Marija Grigorjewna 67
Prokofjew, Sergei Alexejewitsch 67
Prokofjew, Sergei Sergejewitsch 67f., 78, 173
Puccini, Giacomo 20, 22, 173
Puchberg, Johann Michael 47, 49, 60f., 156
Purcell, Henry 48, 70, 120, 173

Rachmaninow, Sergei Wassiljewitsch 173
Raeburn, Andrew 95
Raimund, Ferdinand 166
Rauzzini, Venanzio 95
Ravel, Maurice 26, 77, 120, 173

Reger, Max 120, 173
Respighi, Ottorino 78
Reubke, Julius 173
Rheinberger, Joseph von 22f., 65
Righini, Vincenzo 28
Rimski-Korsakow, Andrei 66
Rimski-Korsakow, Nikolai Andrejewitsch 22, 66, 84, 173
Rimski-Korsakow, Woin Andrejewitsch 66
Robbins Landon, H. C. 156, 184
Rosen, Charles 178, 184
Rossini, Gioacchino 20, 22, 26, 174
Royer, Éléonore-Adélaïde *siehe* Massenet, Éléonore-Adélaïde
Ruggles, Carl 173

Saint-Foix, Georges de 74, 159
Saint-Saëns, Camille 22f., 174
Salieri, Antonio 71, 108
Sartre, Jean-Paul 14
Scarlatti, Domenico 174
Schikaneder, Emanuel 49, 181
Schim, Pieter 7
Schmidt, Franz 22
Schönberg, Arnold 26
Schostakowitsch, Dmitri Dmitrijewitsch 70, 116
Schubart, Christian Friedrich Daniel 162
Schubert, Elisabeth (geb. Vietz) 64
Schubert, Franz, sen. 64

Schubert, Franz 12–14, 21, 35, 58, 62, 64, 75, 83, 85, 93f., 99, 108, 120f., 150, 173, 175f., 178, 182
Schumann, Clara 76
Schumann, Johanna Christiane 65
Schumann, Robert 22, 35, 43, 65, 76, 173
Schurig, Arthur 47
Schütz, Heinrich 174
Shaffer, Peter 49f.
Sibelius, Jean 70, 174
Skrjabin, Alexandr Nikolajewitsch 53, 173
Smetana, Bedřich 22f., 77, 84
Smith, Erik 129
Solomon, Maynard 28, 36f., 49, 60, 143, 158, 184
Spohr, Louis 69, 78, 174
Stadler, Anton 181
Stafford, William 26, 49
Stock, Doris 79f.
Storace, Nancy 36
Stradella, Alessandro 174
Strauss, Pauline 48
Strauss, Richard 20, 22, 174
Strawinsky, Igor 70, 78, 174
Sullivan, Arthur 69
Süßmayr, Franz Xaver 88, 179
Swieten, Gottfried van 28

Telemann, Georg Philipp 174
Theiss, Ernst Ludwig 161
Thomson, Virgil 68

Thurn-Valsassina und Taxis, Johann Baptist Graf von 160
Tippett, Michael 69
Toorn, Kaatje 8
Tschaikowski, Pjotr Iljitsch 23, 173
Tyson, Alan 111, 144, 151, 184

Umlauf, Ignaz 28

Vanhal, Johann Baptist 27
Varèse, Edgar 174
Vaughan Williams, Ralph 23, 66, 150, 174
Verdi, Giuseppe 20, 22, 26, 35, 174, 180
Vestdijk, Simon 11, 15, 18, 20, 40f., 57–59, 61, 105, 109, 121, 126, 138, 183
Vietz, Elisabeth *siehe* Schubert, Elisabeth

Wagenseil, Georg Christoph 27
Wagner, Friedrich 65
Wagner, Johanna (verh. Geyer) 65
Wagner, Richard 20, 35, 57f., 65, 76f., 111, 158, 173
Waldersee, Paul Graf von 104
Waldstätten, Martha Elisabeth Baronin 74
Weber, Aloysia 36, 92, 109, 164, 175
Weber, Carl Maria von 26, 70, 75, 173

Weber, Constanze *siehe* Mozart, Constanze
Weber, Maria Caecilia 80
Weber, Sophie 181
Webern, Anton von 174
Werner, Fritz 39
Wetzlar, Raimund Freiherr von 166
Widerberg, Bo 98
Wilhelm V. von Oranien, Erbstatthalter 122
Witteman, Paul 13
Wolf, Hugo 22, 70, 173
Wyzewa, Théodore de 74, 159

Zacharias, Christian 42
Zaslaw, Neal 122, 143, 156

Verzeichnis der Musikstücke auf der Begleit-CD

[1] Kyrie d-Moll KV 341 0:06:44
Nicolaus Esterházy Sinfonia
Hungarian Radio and Television Chorus
Leitung: Michael Halász
℗ & © 2000 Naxos Rights International Ltd.

[2] Arie »Non temer, amato bene« aus der
Oper *Idomeneo* KV 505 0:05:06
Hilde Güden, Sopran
Wiener Philharmoniker
Leitung: Clemens Krauss
℗ & © 1994 Preiser Records

[3] Arie »Ruhe sanft, mein holdes Leben« aus der
Oper *Zaide* KV 344 0:05:27
Ruth Ziesak, Sopran
Deutsches Symphonie-Orchester Berlin
Leitung: Markus Creed
℗ & © 1999 Capriccio, Delta Music GmbH

[4] Streichquartett Nr. 20 »Hoffmeister-Quartett«
KV 499: Menuetto. Allegretto 0:03:20
Eder-Quartett
℗ & © 1994 Naxos Rights International Ltd.

[5] Lied »Abendempfindung« KV 523 0:04:27
Jochen Kowalski, Gesang
Shelly Katz, Klavier
℗ & © 1992 Capriccio, Delta Music GmbH

|6| Fantasie f-Moll für Orgel,
Version für Klavierduett KV 608 0:09:33
Jenő Jandó und Zsuzsa Kollár, Klavier
℗ & © 2000 Naxos Rights International Ltd.

|7| Rondo a-Moll KV 511 0:09:57
Ronald Brautigam, Klavier
℗ & © 1998 Grammofon AB BIS

|8| Terzett »Soave sia il vento« aus der
Oper *Così fan tutte* KV 588 0:03:09
Joanna Borowska, Sopran
Rohangiz Yachmi, Mezzosopran
Peter Mikulas, Baß
Capella Istropolitana
Slovak Philharmonic Chorus
Leitung: Johannes Wildner
℗ & © 1990 Naxos Rights International Ltd.

|9| Andante mit 5 Variationen G-Dur KV 501 0:07:41
Jenő Jandó und Zsuzsa Kollár, Klavier
℗ & © 2000 Naxos Rights International Ltd.

|10| Serenade B-Dur Nr. 10 »Gran Partita« KV 361:
Adagio 0:05:59
Capella Istropolitana
German Wind Soloists
Leitung: Richard Edlinger
℗ & © 1988 Naxos Rights International Ltd.

|11| Klavierkonzert Es-Dur Nr. 14 KV 449:
Andante 0:06:39
Jenő Jandó, Klavier
Concentus Hungaricus
Leitung: András Ligeti
℗ & © 1989 Naxos Rights International Ltd.

Wir danken den Rechteinhabern und Ausführenden, insbesondere der Naxos Rights International Ltd.

PIPER

Maarten 't Hart
Bach und ich

Roman. Aus dem Niederländischen von Maria Csollány.
Mit CD, zusammengestellt von Maarten 't Hart.
261 Seiten. Serie Piper

Welche Rolle der Leipziger Thomaskantor Johann Sebastian Bach für das Leben und Schreiben des Schriftstellers Maarten 't Hart spielt, kam schon in seinem Roman »Das Wüten der ganzen Welt« zum Ausdruck. Kenntnisreich rekonstruiert der Autor nun die Biographie Bachs, nähert sich vorsichtig, seriös und dennoch sehr persönlich seinem Lieblingskomponisten, beschäftigt sich mit der Legendenbildung und vor allem mit der Musik des großen Meisters. Eine fundierte und liebevolle Hommage an den Bach der Kantaten, der Kammermusik und der Konzerte.

»Ein einzigartiges, faszinierendes Buch, das nacheinander Irritation, Bewunderung, Stirnrunzeln, Faszination und so etwas wie Rührung hervorruft.«
Die Welt

PIPER

Maarten 't Hart
In unnütz toller Wut

Roman. Aus dem Niederländischen von Gregor Seferens.
348 Seiten. Gebunden

Tagsüber ist der kleine südholländische Ort Monward wie ausgestorben. Eine klare Frühlingsbrise kräuselt die Oberfläche des nahen Sees, als Lotte Weeda zum ersten Mal dort erscheint. Sie ist attraktiv und selbstbewußt. Und sie möchte die zweihundert markantesten Gesichter der kleinen katholischen Gemeinde photographieren; schon im Herbst soll ein Buch mit den Aufnahmen verlegt werden. Nicht alle sind begeistert von ihrem Plan, allen voran Taeke Gras, der sein Gesicht keinesfalls mit einem Stück Papier teilen möchte. Am Ende willigt er ein, wie auch Abel, der Graf. Doch ihn wirft Lottes Besuch aus der Bahn, denn plötzlich und unerklärlich bildet er sich ein, seine Kinder seien nicht von ihm, sondern von den wechselnden Liebhabern seiner jüngeren, reizenden Frau Noor. Immer groteskere Formen nimmt sein Wahn an – bis Abel eines Tages stirbt. Und er ist nicht der einzige: Ein Porträtierter nach dem anderen kommt zu Tode …

PIPER

Sándor Márai
Die Fremde

Roman. Aus dem Ungarischen von Heinrich Eisterer.
208 Seiten. Gebunden

Viktor Henrik Askenasi, Professor der orientalischen Sprachen, legt Rechenschaft ab über das, was am Ende seiner nervösen, ja fieberhaften Suche gestanden hatte. – In Übereinkunft mit seinen engsten Freunden und nicht zuletzt seiner Frau Anna war Askenasi zu einer Reise an die dalmatinische Küste aufgebrochen, um sich für eine gewisse Zeit aus dem gesellschaftlichen Leben in Paris zurückzuziehen. Nun residierte er im ehemals prachtvollen Hotel Argentina, von dem aus sich der Blick auf das ganze Halbrund der Bucht eröffnete. Sein Zimmer war dunkel, und Askenasi erwachte erst spät am Morgen, setzte sich eilig an den Tisch und schrieb drei Briefe: den ersten an die Tänzerin Eliz, den zweiten an seine Frau und einen dritten an seinen Rechtsanwalt, der die Scheidung in die Wege leiten sollte. Doch Askenasis Wahn treibt ihn zu einem weiteren, endgültigen Schritt.
Glänzend und so radikal wie in nur wenigen seiner Romane gelingt es Sándor Márai, von seinem Helden zu erzählen, den die Liebe in eine existenzielle Verzweiflung stürzt, über die er jedes Maß verliert.